# Symfony 5: The Fast Track

## Fabien Potencier

https://fabien.potencier.org/

@fabpot

@fabpot

**Symfony 5: The Fast Track**

ISBN-13: 978-2-918390-38-1

**Symfony SAS**
92-98, boulevard Victor Hugo
92 110 Clichy
France

If you find typos or errors, feel free to report them at *support@symfony.com*. This book is continuously updated based on user feedback.

| | |
|---|---|
| Locale | fr |
| Original English Text Version | v5.0.25 |
| Text Translation Version | v5.0.25 |
| Generated Code Version | 5.0-6 |
| Book Generated Date | November 30, 2020 |

# Aperçu du contenu

# Table des matières

# Remerciements

J'aime les livres. Des livres que je peux tenir dans mes mains.

La dernière fois que j'ai écrit un livre sur Symfony, c'était il y a 10 ans exactement. C'était sur Symfony 1.4. Je n'ai plus écrit sur Symfony depuis !

J'étais tellement excité d'écrire à nouveau sur Symfony que j'ai terminé la première version en une semaine. Mais celle que vous lisez a pris beaucoup plus de temps. Écrire un livre demande beaucoup de temps et d'énergie, de la conception de la couverture à la mise en page, de l'ajustement du code à la relecture par les pairs. C'est presque sans fin. Vous pouvez toujours améliorer une section, améliorer un morceau de code, corriger des fautes de frappe ou réécrire une explication pour la rendre plus courte et meilleure.

Écrire un livre est un voyage que vous ne voulez pas faire seul. De nombreuses personnes ont contribué directement ou indirectement. Merci à vous tous !

Je tiens à remercier sincèrement toutes les personnes formidables qui ont passé beaucoup de temps à relire le contenu pour corriger les fautes de frappe et l'améliorer ; certaines m'ont même aidé à écrire quelques extraits de code :

| | |
|---|---|
| Javier Eguiluz | Kévin Dunglas |
| Ryan Weaver | Tugdual Saunier |
| Titouan Galopin | Grégoire Pineau |
| Nicolas Grekas | Alexandre Salomé |

# Traducteurs

La documentation officielle de Symfony n'est disponible qu'en anglais. Nous avions quelques traductions dans le passé, mais nous avons décidé de ne plus les fournir car elles étaient toujours désynchronisées. Et une documentation périmée est probablement encore pire que pas de documentation du tout.

Le principal problème avec les traductions est la maintenance. La documentation de Symfony est mise à jour chaque jour par des dizaines de contributeurs. Il est presque impossible d'avoir une équipe de bénévoles qui traduisent tous les changements en quasi temps réel.

Cependant, la traduction d'un livre comme celui que vous êtes en train de lire est plus facile à gérer car j'ai essayé d'écrire sur des fonctionnalités qui ne changeront pas beaucoup avec le temps. C'est pourquoi le contenu du livre devrait rester assez stable dans le temps.

Mais pourquoi voudrions-nous de la documentation non anglaise dans un monde technologique où l'anglais est de facto la langue par défaut ? Symfony est utilisé dans le monde entier, et nous ne sommes pas tous aussi à l'aise pour lire des ressources en anglais. Traduire de la documentation « de démarrage » fait partie de l'initiative Symfony sur la diversité dans laquelle nous nous efforçons de trouver des moyens de rendre Symfony aussi accessible que possible.

Comme vous pouvez l'imaginer, traduire plus de 300 pages représente un travail énorme, et je tiens à remercier toutes les personnes qui ont contribué à la traduction de ce livre :

| | |
|---|---|
| Guillaume Sarramegna | Romain Gautier |
| Guillaume Sylvestre | Boris Baskovec |
| Clément Delmas | Jean-Vincent QUILICHINI |
| Joachim Martin | Gary Houbre |
| Vincent MARY | Laurent Prédine |
| Steeve Christen | |

# Entreprises sponsors

Ce livre a été *soutenu*[1] par des gens du monde entier qui ont aidé financièrement ce projet. Grâce à eux, ce contenu est disponible en ligne gratuitement et sous forme de livre papier lors des conférences Symfony.

*https://packagist.com/*

*https://darkmira.io/*

*https://blackfire.io/*

*https://basecom.de/*

*https://dats.team/*

*https://sensiolabs.com/*

*https://les-tilleuls.coop/*

*https://redant.nl/*

*https://www.akeneo.com/*

*https://www.facile.it/*

*https://izi-by-edf.fr/*

*https://www.musement.com/*

*https://setono.com/*

---

1. https://www.kickstarter.com/projects/fabpot/symfony-5-the-fast-track

# Sponsors individuels

| | |
|---|---|
| Javier Eguiluz | @javiereguiluz |
| Tugdual Saunier | @tucksaun |
| Alexandre Salomé | https://alexandre.salome.fr |
| Timo Bakx | @TimoBakx |
| Arkadius Stefanski | https://ar.kadi.us |
| Oskar Stark | @OskarStark |
| slaubi | |
| Jérémy Romey | @jeremyFreeAgent |
| Nicolas Scolari | |
| Guys & Gals at SymfonyCasts | https://symfonycasts.com |
| Roberto santana | @robertosanval |
| Ismael Ambrosi | @iambrosi |
| Mathias STRASSER | https://roukmoute.github.io/ |
| Platform.sh team | http://www.platform.sh |
| ongoing | https://www.ongoing.ch |
| Magnus Nordlander | @magnusnordlander |
| Nicolas Séverin | @nico-incubiq |
| Centarro | https://www.centarro.io |
| Lior Chamla | https://learn.web-develop.me |
| Art Hundiak | @ahundiak |
| Manuel de Ruiter | https://www.optiwise.nl/ |
| Vincent Huck | |
| Jérôme Nadaud | https://nadaud.io |
| Michael Piecko | @mpiecko |
| Tobias Schilling | https://tschilling.dev |
| ACSEO | https://www.acseo.fr |
| Omines Internetbureau | https://www.omines.nl/ |
| Seamus Byrne | http://seamusbyrne.com |

| | |
|---|---|
| Pavel Dubinin | @geekdevs |
| Jean-Jacques PERUZZI | https://linkedin.com/in/jjperuzzi |
| Alexandre Jardin | @ajardin |
| Christian Ducrot | http://ducrot.de |
| Alexandre HUON | @Aleksanthaar |
| François Pluchino | @francoispluchino |
| We Are Builders | https://we.are.builders |
| Rector | @rectorphp |
| Ilyas Salikhov | @salikhov |
| Romaric Drigon | @romaricdrigon |
| Lukáš Moravec | @morki |
| Malik Meyer-Heder | @mehlichmeyer |
| Amrouche Hamza | @cDaed |
| Russell Flynn | https://custard.no |
| Shrihari Pandit | @shriharipandit |
| Salma NK. | @os_rescue |
| Nicolas Grekas | |
| Roman Ihoshyn | https://ihoshyn.com |
| Radu Topala | https://www.trisoft.ro |
| Andrey Reinwald | https://www.facebook.com/andreinwald |
| JoliCode | @JoliCode |
| Rokas Mikalkėnas | |
| Zeljko Mitic | @strictify |
| Wojciech Kania | @wkania |
| Andrea Cristaudo | https://andrea.cristaudo.eu/ |
| Adrien BRAULT-LESAGE | @AdrienBrault |
| Cristoforo Stevio Cervino | http://www.steviostudio.it |
| Michele Sangalli | |
| Florian Reiner | http://florianreiner.com |

| | | |
|---|---|---|
| Ion Bazan | ○ | @IonBazan |
| Marisa Clardy | 🐦 | @MarisaCodes |
| Donatas Lomsargis | ☐ | http://donatas.dev |
| Johnny Lattouf | 🐦 | @johnnylattouf |
| Duilio Palacios | ☐ | https://styde.net |
| Pierre Grimaud | ○ | @pgrimaud |
| Marcos Labad Díaz | 🐦 | @esmiz |
| Stephan Huber | ☐ | https://www.factorial.io |
| Loïc Vernet | ☐ | https://www.strangebuzz.com |
| Daniel Knoch | ☐ | http://www.cariba.de |
| Emagma | ☐ | http://www.emagma.fr |
| Gilles Doge | | |
| Malte Wunsch | ○ | @MalteWunsch |
| Jose Maria Valera Reales | ○ | @Chemaclass |
| Cleverway | ☐ | https://cleverway.eu/ |
| Nathan | ○ | @nutama |
| Abdellah EL GHAILANI | ☐ | https://connect.symfony.com/profile/ aelghailani |
| Solucionex | ☐ | https://www.solucionex.com |
| Elnéris Dang | ☐ | https://linkedin.com/in/elneris-dang/ |
| Class Central | ☐ | https://www.classcentral.com/ |
| Ike Borup | ☐ | https://idaho.dev/ |
| Christoph Lühr | ☐ | https://www.christoph-luehr.com/ |
| Zig Websoftware | ☐ | http://www.zig.nl |
| Dénes Fakan | 🐦 | @DenesFakan |
| Danny van Kooten | ☐ | http://dvk.co |
| Denis Azarov | ☐ | http://azarov.de |
| Martin Poirier T. | ☐ | https://linkedin.com/in/mpoiriert/ |
| Dmytro Feshchenko | ○ | @dmytrof |
| Carl Casbolt | ☐ | https://www.platinumtechsolutions.co.uk/ |
| Irontec | ☐ | https://www.irontec.com |

| | |
|---|---|
| Lukas Plümper | ☑ https://lukaspluemper.de/ |
| Neil Nand | ☑ https://neilnand.co.uk |
| Andreas Möller | ☑ https://localheinz.com |
| Alexey Buldyk | ☑ https://buldyk.pw |
| Page Carbajal | ☑ https://pagecarbajal.com |
| Florian Voit | ☑ https://rootsh3ll.de |
| Webmozarts GmbH | ☑ https://webmozarts.com |
| Alexander M. Turek | ◯ @derrabus |
| Zan Baldwin | 🐦 @ZanBaldwin |
| Ben Marks, Magento | ☑ http://bhmarks.com |

## Appui familial

Le soutien de sa famille est important. Un grand merci à ma femme, **Hélène** et à mes deux merveilleux enfants, **Thomas** et **Lucas**, pour leur soutien continu.

*Profitez de l'illustration de Thomas… et du livre !*

# Étape 0
# Pourquoi ce livre ?

Symfony est l'un des projets PHP les plus réputés. Il s'agit à la fois d'un framework full-stack robuste, et d'un ensemble populaire de composants réutilisables.

Avec la version 5, le projet est probablement arrivé à maturité. J'ai l'impression que tout ce que nous avons fait au cours des cinq dernières années a porté ses fruits : nouveaux composants de bas niveau, intégrations de haut niveau avec d'autres logiciels, outils permettant d'améliorer la productivité. L'expérience de développement s'est considérablement améliorée, sans sacrifier la flexibilité. Il n'a jamais été aussi amusant d'utiliser Symfony pour un projet.

Si vous découvrez Symfony, l'arrivée de **Symfony 5** est le moment idéal pour apprendre à développer une application, étape par étape. Ce livre présente la puissance du framework et comment vous pouvez améliorer votre productivité.

Si vous avez déjà développé avec Symfony, vous devriez le redécouvrir. Le framework a énormément évolué ces dernières années et l'expérience de développement s'est considérablement améliorée. J'ai l'impression que certaines vieilles habitudes perdurent dans la communauté Symfony, et que les nouvelles façons de développer des applications avec Symfony ont du mal à prendre leur place. Je peux comprendre certaines de ces raisons. Le rythme des évolutions est impressionnant. Lorsqu'on travaille à temps plein sur un projet, on n'a pas le temps de suivre tout ce qui se passe dans la communauté. Je le sais d'expérience, car je ne prétendrais pas non plus pouvoir tout suivre moi-même. Loin de là.

Et il ne s'agit pas seulement de nouvelles façons de faire, mais aussi de nouveaux composants : Client HTTP, Mailer, Workflow, Messenger. Ces composants changent la donne, et devraient modifier votre façon de penser une application Symfony.

Je ressens aussi le besoin d'écrire un nouveau livre, car le web a beaucoup évolué. Des sujets comme les *APIs*[1], les *SPAs*[2], la *conteneurisation*[3], le *déploiement continu*[4] et bien d'autres encore devraient être abordés dès maintenant.

Votre temps est précieux. Ne vous attendez pas à de longs paragraphes, ni à de longues explications sur les concepts fondamentaux. Le livre traite plutôt du voyage. Par où commencer. Quel code écrire. Quand. Comment. Je vais essayer d'attirer votre attention sur des sujets importants et vous laisser décider si vous souhaitez creuser davantage.

Je ne veux pas non plus dupliquer la documentation existante, qui est d'une excellente qualité. Je la citerai de manière extensive dans la section « Aller plus loin » à la fin de chaque étape/chapitre. Considérez ce livre comme une liste de liens menant à d'autres ressources.

Le livre décrit la création d'une application, de sa conception à sa mise en production. Mais nous n'amènerons pas l'application à un niveau de qualité de mise en production. Le résultat ne sera pas parfait. Nous prendrons des raccourcis. Nous pourrions même fermer les yeux sur quelques gestions de cas spécifiques, de validations ou de tests. Les bonnes pratiques ne seront pas toujours respectées. Mais nous allons aborder presque tous les aspects d'un projet Symfony moderne.

En commençant à travailler sur ce livre, la toute première chose que j'ai faite a été de coder l'application finale. J'ai été impressionné par le résultat et la vitesse que j'ai pu maintenir, tout en ajoutant des fonctionnalités avec un minimum d'effort. Ceci grâce à la documentation et au fait que Symfony 5 ne se place jamais au travers de votre chemin. Je sais que Symfony peut encore être amélioré de bien des façons (et j'ai pris quelques notes à ce sujet), mais le développement est bien plus facile qu'il y a quelques années. Je veux que tout le monde le sache.

Le livre est divisé en étapes, ainsi qu'en sous-étapes. Elles devraient être rapides à lire. Mais, plus important encore, je vous invite à coder pendant que vous lisez. Codez, testez, déployez, améliorez.

---

1. https://en.wikipedia.org/wiki/Application_programming_interface
2. https://en.wikipedia.org/wiki/Single-page_application
3. https://en.wikipedia.org/wiki/OS-level_virtualization
4. https://en.wikipedia.org/wiki/Continuous_deployment

Enfin, n'hésitez pas à demander de l'aide si vous avez un problème. Vous pourriez tomber sur des cas spécifiques ou avoir des difficultés à trouver et corriger une coquille dans votre code. Posez des questions. Nous avons une fantastique communauté sur *Slack*[5] et *Stack Overflow*[6].

Allez, on code ? Amusez-vous bien !

---

5. https://symfony.com/slack
6. https://stackoverflow.com/questions/tagged/symfony

# Étape 1
# Votre environnement de travail

Avant de commencer à travailler sur le projet, nous devons nous assurer que tout le monde a un environnement de travail de qualité. C'est très important. Les outils de développement dont nous disposons aujourd'hui sont très différents de ceux que nous avions il y a 10 ans. Ils ont beaucoup évolué et en bien. Il serait donc dommage de ne pas les exploiter : de bons outils vous mèneront loin.

S'il vous plaît, ne sautez pas cette étape. Ou du moins, prenez connaissance de la dernière partie à propos de la commande `symfony` (partie *Symfony CLI*).

## 1.1 Un ordinateur

Vous avez besoin d'un ordinateur. La bonne nouvelle c'est qu'il peut fonctionner avec la plupart des systèmes d'exploitation : macOS, Windows, ou Linux. Symfony et tous les outils que nous allons utiliser sont compatibles avec chacun d'entre eux.

## 1.2 Choix arbitraires

Je veux pouvoir avancer rapidement avec les meilleures options possibles. J'ai donc fait des choix arbitraires pour ce livre.

PostgreSQL[1] sera notre moteur de base de données.

RabbitMQ[2] est notre grand gagnant pour gérer des files d'attente (*queues*).

## 1.3 IDE

Vous pouvez utiliser Notepad si vous le souhaitez. Cependant, je ne le recommanderais pas.

J'ai travaillé avec Textmate, mais je ne l'utilise plus aujourd'hui. Le confort d'utilisation d'un « vrai » IDE n'a pas de prix. L'auto-complétion, l'ajout et le tri automatique des use, le passage rapide d'un fichier à l'autre... Autant de fonctionnalités qui vont largement augmenter votre productivité.

Je recommande d'utiliser *Visual Studio Code*[3] ou *PhpStorm*[4]. Le premier est gratuit et le second ne l'est pas, mais PhpStorm offre une meilleure intégration avec Symfony (grâce au *Symfony Support Plugin*[5]). Au final, c'est votre choix. Je sais que vous voulez savoir quel IDE j'utilise. J'écris ce livre avec Visual Studio Code.

## 1.4 Terminal

Nous passerons de l'IDE à la ligne de commande en permanence. Vous pouvez utiliser le terminal intégré à votre IDE, mais je préfère utiliser un terminal indépendant pour avoir plus d'espace.

Linux est fourni avec Terminal. Utilisez *iTerm2*[6] sous macOS. Sous Windows, *Hyper*[7] fonctionne bien.

## 1.5 Git

Mon dernier livre recommandait Subversion pour la gestion de versions, mais on dirait bien que maintenant tout le monde utilise *Git*[8].

---

1. https://www.postgresql.org/
2. https://www.rabbitmq.com/
3. https://code.visualstudio.com/
4. https://www.jetbrains.com/phpstorm/
5. https://plugins.jetbrains.com/plugin/7219-symfony-support
6. https://iterm2.com/
7. https://hyper.is/
8. https://git-scm.com/

Sur Windows, installez *Git bash*[9].

Assurez-vous de connaître les commandes de base comme `git clone`, `git log`, `git show`, `git diff`, `git checkout`, etc.

# 1.6 PHP

Nous utiliserons Docker pour les services, mais j'aime avoir PHP installé sur mon ordinateur local pour des raisons de performance, de stabilité et de simplicité. C'est peut-être vieux jeu, mais la combinaison d'un PHP local et des services Docker est parfaite pour moi.

Utilisez PHP 7.3 si vous le pouvez, peut-être 7.4 en fonction du moment où vous lisez ce livre. Vérifiez que les extensions PHP suivantes soient installées, ou installez-les maintenant : *intl'*, `pdo_pgsql`, `xsl`, `amqp`, `gd`, `openssl`, `sodium`. Éventuellement, vous pouvez également installer `redis` et `curl`.

Vous pouvez vérifier les extensions actuellement activées avec `php -m`.

Nous avons aussi besoin de `php-fpm` s'il est disponible sur votre plate-forme, mais `php-cgi` peut être une alternative.

# 1.7 Composer

Gérer les dépendances est capital aujourd'hui sur un projet Symfony. Installez la dernière version de *Composer*[10], le gestionnaire de paquets pour PHP.

Si vous ne connaissez pas Composer, prenez le temps de vous familiariser avec cet outil.

 Vous n'avez pas besoin de taper le nom complet des commandes : `composer req` fait la même chose que `composer require`, utilisez `composer rem` au lieu de `composer remove`, etc.

---

9. https://gitforwindows.org/
10. https://getcomposer.org/

# 1.8 Docker et Docker Compose

Les services seront gérés par Docker et Docker Compose. *Installez-les*[11] et lancez Docker. Si vous utilisez cet outil pour la première fois, familiarisez-vous avec lui. Mais ne paniquez pas, notre utilisation de Docker sera très simple : pas de configuration alambiquée, pas de réglage complexe.

# 1.9 Symfony CLI

Finalement, nous utiliserons la commande `symfony` pour accroître notre productivité. Du serveur web local qu'il fournit à l'intégration complète de Docker, en passant par le support de SymfonyCloud, nous gagnerons un temps considérable.

Installez la *commande symfony*[12] et placez-la dans votre `$PATH`. Créez un compte *SymfonyConnect*[13] si vous n'en avez pas déjà un et connectez-vous avec la commande `symfony login`.

Pour pouvoir utiliser HTTPS localement, nous avons également besoin d'"*installer une autorité de certification*[14] pour activer le support TLS. Exécutez la commande suivante :

```
$ symfony server:ca:install
```

Vérifiez que votre ordinateur répond aux conditions requises en exécutant la commande suivante :

```
$ symfony book:check-requirements
```

Si vous aimez le luxe, vous pouvez également utiliser le *proxy Symfony*[15]. C'est optionnel, mais ce proxy vous permet d'obtenir un nom de domaine local se terminant par `.wip` pour votre projet.

Lorsque nous exécuterons des commandes dans le terminal, nous les préfixerons presque toujours avec `symfony`, comme dans `symfony composer` au lieu de simplement `composer`, ou `symfony console` au lieu de `./bin/console`.

La raison principale est que la commande `symfony` définit

---

11. https://docs.docker.com/install/
12. https://symfony.com/download
13. https://connect.symfony.com/
14. https://symfony.com/doc/current/setup/symfony_server.html#enabling-tls
15. https://symfony.com/doc/current/setup/symfony_server.html#setting-up-the-local-proxy

automatiquement certaines variables d'environnement à partir des services exécutés via Docker. Ces variables d'environnement sont injectées par le serveur web local et disponibles automatiquement pour les requêtes HTTP. L'utilisation de `symfony` dans l'invite de commande vous assure donc d'obtenir le même comportement partout.

De plus, la commande `symfony` sélectionne automatiquement la « meilleure » version de PHP possible pour le projet.

# Étape 2
# Présentation du projet

Nous devons trouver un projet sur lequel travailler. C'est un certain défi car nous devons choisir un projet assez vaste pour couvrir complètement Symfony, mais en même temps, il devrait être assez petit ; je ne veux pas que vous vous ennuyiez à implémenter des fonctionnalités similaires plusieurs fois.

## 2.1 Description du projet

Comme le livre doit sortir pendant la SymfonyCon d'Amsterdam, ce serait intéressant si le projet était en quelque sorte relié à Symfony et aux conférences. Et pourquoi pas un *livre d'or*[1] ? J'aime le côté démodé et désuet de développer un livre d'or en 2019 !

Nous tenons notre sujet. Le projet a pour but d'obtenir un retour d'expérience sur les conférences : une liste des conférences sur la page d'accueil ainsi qu'une page pour chacune d'entre elles, pleine de commentaires sympathiques. Un commentaire est composé d'un petit texte et d'une photo, optionnelle, prise pendant la conférence. Je suppose que je viens de rédiger toutes les spécifications dont nous avons besoin pour commencer.

Le *projet* comprendra plusieurs *applications* : une application web traditionnelle avec une interface HTML, une API et une SPA pour les

---

1. https://en.wikipedia.org/wiki/Guestbook

téléphones mobiles. Qu'en dites-vous ?

## 2.2 La maîtrise s'acquiert par la pratique

La maîtrise s'acquiert par la pratique. Point final. Lire un livre sur Symfony, c'est bien. Coder une application sur votre ordinateur tout en lisant un livre sur Symfony, c'est encore mieux. Ce livre est très spécial puisque tout a été fait pour que vous puissiez suivre, coder, et obtenir les mêmes résultats que ceux que j'avais localement sur ma machine lorsque je l'ai fait.

Le livre contient tout le code que vous devez écrire ainsi que toutes les commandes que vous devez exécuter pour arriver au résultat final. Il ne manque aucun code. Toutes les commandes sont présentes. C'est possible parce que les applications développées avec Symfony n'ont besoin que de très peu de code pour démarrer. La plupart du code que nous allons écrire ensemble concerne la *logique métier* du projet. Tout le reste est automatisé ou généré automatiquement pour nous.

## 2.3 À propos du diagramme de l'infrastructure finale

Même si l'idée du projet semble simple, nous n'allons pas construire un projet de type « Hello World ». Nous n'utiliserons pas seulement PHP et une base de données.

Le but est de créer un projet avec des complexités que vous pourriez retrouver dans la vie réelle. Vous voulez une preuve ? Jetez un coup d'œil à l'infrastructure finale du projet :

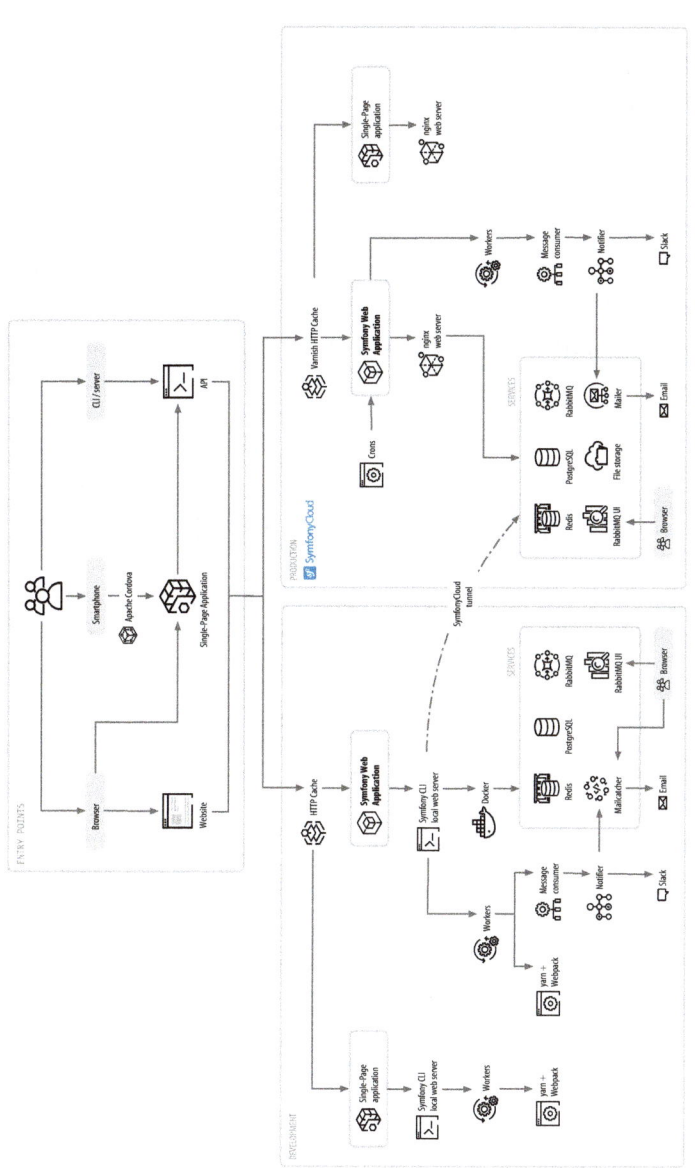

L'un des avantages majeurs d'utiliser un framework est la faible quantité de code nécessaire pour développer un tel projet :

- 20 classes PHP sous `src/` pour le site ;
- 550 lignes logiques de code (LLOC) de PHP, tel que rapporté par *PHPLOC*[2] ;
- 40 lignes de configuration personnalisée réparties dans 3 fichiers (via annotations et YAML), principalement pour configurer le design de l'interface d'administration ;
- 20 lignes de configuration de l'infrastructure de développement (Docker) ;
- 100 lignes de configuration de l'infrastructure de production (SymfonyCloud) ;
- 5 variables d'environnement explicites.

Envie de relever le défi ?

## 2.4 Récupérer le code source du projet

Pour continuer sur le thème à l'ancienne, j'aurais pu créer un CD contenant le code source, non ? Mais que diriez-vous d'un dépôt Git à la place ?

Clonez le *dépôt du livre d'or*[3] quelque part sur votre machine :

```
$ symfony new --version=5.0-6 --book guestbook
```

Ce dépôt contient tout le code source du livre.

Notez que nous utilisons `symfony new` au lieu de `git clone` puisque la commande fait bien plus que simplement cloner le dépôt (hébergé sur Github dans l'organisation `the-fast-track` : `https://github.com/the-fast-track/book-5.0-6`). Elle démarre également le serveur web et les conteneurs, migre la base de données, charge les données de test, etc. Après l'exécution de la commande, le site devrait être opérationnel, prêt à être utilisé.

Le code source est synchronisé à 100% avec le code source du livre (utilisez l'URL exacte du dépôt, indiquée ci-dessus). Essayer de synchroniser manuellement les changements du livre avec le code source

---

2. `https://github.com/sebastianbergmann/phploc`
3. `https://github.com/the-fast-track/book-5.0-6`

du dépôt est presque impossible. J'ai tenté de le faire et je n'y suis pas arrivé. C'est tout simplement impossible. Surtout pour des livres comme ceux que j'écris, qui vous racontent l'histoire du développement d'un site web. Comme chaque chapitre dépend des précédents, un changement sur l'un d'eux peut avoir des conséquences sur tous les suivants.

La bonne nouvelle est que le dépôt Git pour ce livre est *généré automatiquement* à partir du contenu du livre. Pas mal, non ? J'aime tout automatiser, par conséquent il y a un script dont le travail est de lire le livre et de créer le dépôt Git. Il y a un effet secondaire sympa : lors de la mise à jour du livre, le script échouera si les changements sont incohérents ou si j'oublie de mettre à jour certaines instructions. C'est du BDD, *Book Driven Development* !

## 2.5 Parcourir le code source

Mieux encore, le dépôt ne contient pas seulement la version finale du code source sur la branche `master` : le script exécute chaque action expliquée dans le livre, puis *commit* son travail à la fin de chaque section. Il *tag* également chaque étape et sous-étape pour faciliter la navigation dans le code. Joli, n'est-ce pas ?

Si vous êtes du genre à prendre des raccourcis, vous pouvez récupérer le code source correspondant à la fin d'une étape du livre grâce à son *tag*. Par exemple, si vous souhaitez lire et tester le code à la fin de l'étape 10, procédez comme suit :

```
$ symfony book:checkout 10
```

Comme pour le clonage du dépôt, nous n'utilisons pas `git checkout` mais plutôt `symfony book:checkout`. Cette commande s'assure que, quel que soit l'état dans lequel votre code se trouve actuellement, vous obteniez un site web fonctionnel pour l'étape que vous demandez. **Faites attention : toutes les données, le code source et les conteneurs sont supprimés par cette opération.**

Vous pouvez également récupérer n'importe quelle sous-étape :

```
$ symfony book:checkout 10.2
```

Encore une fois, je vous recommande fortement de coder par vous-même. Mais si vous avez un problème, vous pouvez toujours comparer ce que vous avez avec le contenu du livre.

Vous avez un doute sur l'étape 10.2 ? Récupérez le *diff* :

```
$ git diff step-10-1...step-10-2

# And for the very first substep of a step:
$ git diff step-9...step-10-1
```

Vous voulez savoir quand un fichier a été créé ou modifié ?

```
$ git log -- src/Controller/ConferenceController.php
```

Vous pouvez également parcourir les *diffs*, les *tags* et les *commits* directement sur GitHub. C'est une excellente façon de copier/coller du code si vous lisez un livre papier !

## Étape 3
# De zéro à la production

J'aime aller vite et je veux que notre petit projet soit réalisé le plus rapidement possible. Du genre en production, dès maintenant. Comme nous n'avons encore rien développé, nous allons commencer par déployer une simple page « En construction ». Vous allez adorer !

Passez un peu de temps à chercher sur internet un GIF animé « En construction » bien démodé. Voici *celui*[1] que je vais utiliser :

Je vous l'ai dit, nous allons bien nous amuser.

---

1. http://clipartmag.com/images/website-under-construction-image-6.gif

# 3.1 Initialiser le projet

Créez un nouveau projet Symfony avec la commande `symfony` que nous avons installée ensemble auparavant :

```
$ symfony new guestbook --version=5.0
$ cd guestbook
```

Cette commande est une mince surcouche de `Composer` qui facilite la création de projets Symfony. Elle utilise un *squelette de projet*[2] qui inclut uniquement les composants Symfony requis par presque tous les projets : un outil console et l'abstraction HTTP nécessaire pour créer des applications web.

Si vous regardez le dépôt GitHub pour le squelette, vous remarquerez qu'il est presque vide : il ne contient qu'un fichier `composer.json`, mais le répertoire `guestbook` est lui plein de fichiers. Comment est-ce possible ? La réponse se trouve dans le paquet `symfony/flex`. Symfony Flex est un plugin Composer qui se greffe au processus d'installation. Lorsqu'il détecte un paquet pour lequel une *recette* existe, il l'exécute.

Le point d'entrée principal d'une recette Symfony est un fichier *manifest* qui décrit les opérations à effectuer pour intégrer automatiquement le paquet dans l'application. Vous n'avez jamais besoin de lire un fichier *README* pour installer un paquet avec Symfony. L'automatisation est au cœur de Symfony.

Comme Git est installé sur notre machine, `symfony new` nous a également créé un dépôt Git, dans lequel a été ajouté le tout premier commit.

Jetons un coup d'oeil à la structure des répertoires :

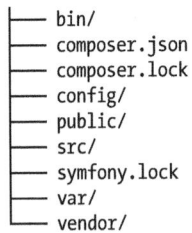

```
├── bin/
├── composer.json
├── composer.lock
├── config/
├── public/
├── src/
├── symfony.lock
├── var/
└── vendor/
```

Le répertoire `bin/` contient le principal point d'entrée de la ligne de commande : `console`. Vous l'utiliserez tout le temps.

Le répertoire `config/` est constitué d'un ensemble de fichiers de configuration sensibles, initialisés avec des valeurs par défaut. Un fichier

---

2. https://github.com/symfony/skeleton

par paquet. Vous les modifierez rarement : faire confiance aux valeurs par défaut est presque toujours une bonne idée.

Le répertoire `public/` est le répertoire racine du site web, et le script `index.php` est le point d'entrée principal de toutes les ressources HTTP dynamiques.

Le répertoire `src/` héberge tout le code que vous allez écrire ; c'est ici que vous passerez la plupart de votre temps. Par défaut, toutes les classes de ce répertoire utilisent le *namespace* PHP `App`. C'est votre répertoire de travail, votre code, votre logique de domaine. Symfony n'a pas grand-chose à y faire.

Le répertoire `var/` contient les caches, les logs et les fichiers générés par l'application lors de son exécution. Vous pouvez le laisser tranquille. C'est le seul répertoire qui doit être en écriture en production.

Le répertoire `vendor/` contient tous les paquets installés par Composer, y compris Symfony lui-même. C'est notre arme secrète pour un maximum de productivité. Ne réinventons pas la roue. Vous profiterez des bibliothèques existantes pour vous faciliter le travail. Le répertoire est géré par Composer. N'y touchez jamais.

C'est tout ce que vous avez besoin de savoir pour l'instant.

# 3.2 Créer des ressources publiques

Tout ce qui se trouve dans le répertoire `public/` est accessible par un navigateur. Par exemple, si vous déplacez votre fichier GIF animé (nommez-le `under-construction.gif`) dans un nouveau répertoire `public/images/`, il sera alors disponible à une URL comme `https://localhost/images/under-construction.gif`.

Téléchargez mon image GIF ici :

```
$ mkdir public/images/
$ php -r "copy('http://clipartmag.com/images/website-under-construction-image-6.gif', 'public/images/under-construction.gif');"
```

# 3.3 Lancer un serveur web local

La commande `symfony` inclut un serveur web optimisé pour le développement. Comme vous vous en doutez, il marche très bien avec Symfony. Cependant, ne l'utilisez jamais en production.

À partir du répertoire du projet, démarrez le serveur web en arrière-plan (option **-d**) :

```
$ symfony server:start -d
```

Le serveur a démarré sur le premier port disponible (à partir de 8000).
Pour gagner du temps, vous pouvez ouvrir le site web dans un navigateur
à partir de la ligne de commande :

```
$ symfony open:local
```

Votre navigateur favori devrait recevoir le focus et ouvrir un nouvel
onglet affichant une page similaire à celle-ci :

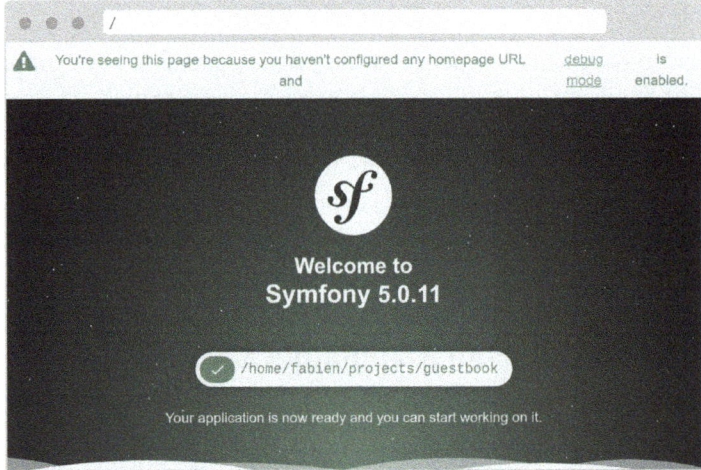

 Pour résoudre les problèmes, exécutez `symfony server:log` ; cette
commande affiche les derniers logs de votre serveur web, de PHP
et de votre application.

Naviguez vers **/images/under-construction.gif**. Est-ce que cela ressemble
à ceci ?

Tout est bon ? Commitons notre travail :

```
$ git add public/images
$ git commit -m'Add the under construction image'
```

## 3.4 Ajouter une favicon

Pour éviter que nos logs ne se remplissent de messages d'erreur 404 à cause d'une favicon manquante, ajoutons-en une maintenant :

```
$ php -r "copy('https://symfony.com/favicon.ico', 'public/favicon.ico');"
$ git add public/
$ git commit -m'Add a favicon'
```

## 3.5 Se préparer pour la production

Qu'en est-il du déploiement de notre travail en production ? Je sais, nous n'avons même pas encore de page HTML pour accueillir convenablement nos internautes, mais voir la petite image « en construction » sur un serveur de production serait une grande satisfaction. Et vous connaissez la devise : *déployer tôt, déployez souvent*.

Vous pouvez héberger cette application chez n'importe quel fournisseur supportant PHP, soit presque tous les hébergeurs. Vérifiez tout de même quelques points : nous voulons la dernière version de PHP et la possibilité d'héberger des services comme une base de données, une file d'attente, etc.

J'ai fait mon choix, ce sera *SymfonyCloud*[3]. Il fournit tout ce dont nous avons besoin et aide à financer le développement de Symfony.

La commande `symfony` supporte nativement SymfonyCloud. Initialisons un projet SymfonyCloud :

```
$ symfony project:init
```

Cette commande crée quelques fichiers requis par SymfonyCloud : `.symfony/services.yaml`, `.symfony/routes.yaml` et `.symfony.cloud.yaml`.

Ajoutez-les à Git et faites un commit :

```
$ git add .
```

---

3. https://symfony.com/cloud

```
$ git commit -m"Add SymfonyCloud configuration"
```

 Utiliser la commande générique et risquée `git add` . fonctionne bien ici car un fichier `.gitignore` a déjà été généré. Il exclut automatiquement tous les fichiers que nous ne voulons pas intégrer au commit.

# 3.6 Mise en production

On déploie ?

Créez un nouveau projet SymfonyCloud :

```
$ symfony project:create --title="Guestbook" --plan=development
```

Cette commande fait beaucoup de choses :

- La première fois que vous lancez cette commande, identifiez-vous avec votre compte SymfonyConnect, si ce n'était pas déjà fait.
- Elle crée un nouveau projet sur SymfonyCloud (vous bénéficiez de 7 jours *gratuits* sur tout nouveau projet de développement).

Puis, déployez :

```
$ symfony deploy
```

Le code est déployé en pushant le dépôt Git. À la fin de la commande, le projet sera accessible par un nom de domaine précis.

Vérifiez que tout fonctionne bien :

```
$ symfony open:remote
```

Vous devriez obtenir une 404, mais si vous naviguez vers `/images/under-construction.gif` vous devriez pouvoir admirer votre travail.

Notez que vous n'obtenez pas la belle page par défaut de Symfony sur SymfonyCloud. Pourquoi ? Vous apprendrez bientôt que Symfony supporte plusieurs environnements, et que SymfonyCloud a automatiquement déployé le code en environnement de production.

Si vous voulez supprimer le projet sur SymfonyCloud, utilisez la commande `project:delete`.

 ## Aller plus loin

- Le *serveur de recettes Symfony*[4], où vous trouverez toutes les recettes disponibles pour vos applications Symfony ;
- Les dépôts pour les *recettes officielles de Symfony*[5] et pour les *recettes créées par la communauté*[6], où vous pouvez soumettre vos propres recettes ;
- Le *serveur web local de Symfony*[7] ;
- La *documentation de SymfonyCloud*[8].

---

4. https://flex.symfony.com/
5. https://github.com/symfony/recipes
6. https://github.com/symfony/recipes-contrib
7. https://symfony.com/doc/current/setup/symfony_server.html
8. https://symfony.com/doc/cloud

# Étape 4
# Adopter une méthodologie

Enseigner, c'est répéter la même chose encore et encore. Je ne le ferai pas, c'est promis. À la fin de chaque étape, vous devriez faire une petite danse et sauvegarder votre travail. C'est comme faire un `Ctrl+S` mais pour un site web.

## 4.1 Mettre en place une stratégie Git

À la fin de chaque étape, n'oubliez pas de commiter vos modifications :

```
$ git add .
$ git commit -m'Add some new feature'
```

Vous pouvez « tout » ajouter sans risque car Symfony gère un fichier **.gitignore** pour vous. Et chaque paquet peut y ajouter plus de configuration. Jetez un coup d'œil au contenu actuel :

*.gitignore*
```
###> symfony/framework-bundle ###
/.env.local
/.env.local.php
/.env.*.local
/public/bundles/
/var/
/vendor/
###< symfony/framework-bundle ###
```

Les chaînes bizarres sont des marqueurs ajoutés par Symfony Flex pour qu'il sache quoi supprimer si vous décidiez de désinstaller une dépendance. Je vous l'ai dit, tout le travail fastidieux est fait par Symfony, pas vous.

Ça pourrait être une bonne idée de pusher votre dépôt vers un serveur quelque part. GitHub, GitLab ou Bitbucket sont de bons choix.

Si vous déployez sur SymfonyCloud, vous avez déjà une copie du dépôt Git, mais vous ne devriez pas vous y fier. Il est réservé pour le déploiement. Ce n'est pas une sauvegarde de votre travail.

## 4.2 Déploiement continu en production

Une autre bonne habitude est de déployer fréquemment. Un bon rythme serait de déployer à la fin de chaque étape :

```
$ symfony deploy
```

# Étape 5
# Diagnostiquer les problèmes

Mettre en place un projet, c'est aussi avoir les bons outils pour déboguer les problèmes.

## 5.1 Installer des dépendances supplémentaires

Rappelez-vous que le projet a été créé avec très peu de dépendances. Pas de moteur de template. Aucun outil de débogage. Pas de système de log. L'idée est que vous pouvez ajouter d'autres dépendances dès que vous en avez besoin. Pourquoi dépendre d'un moteur de template si vous développez une API HTTP ou un outil CLI ?

Comment ajouter d'autres dépendances ? Avec Composer. En plus des paquets « standards » de Composer, nous travaillerons avec deux types de paquets « spéciaux » :

- *Composants Symfony* : Paquets qui implémentent les fonctionnalités de base et les abstractions de bas niveau dont la plupart des applications ont besoin (routage, console, client HTTP, mailer, cache, etc.) ;

- *Bundles Symfony* : Paquets qui ajoutent des fonctionnalités de haut niveau ou fournissent des intégrations avec des bibliothèques tierces (les bundles sont principalement créés par la communauté).

Pour commencer, ajoutons le Symfony Profiler. Il vous fait gagner un temps fou lorsque vous avez besoin de trouver l'origine d'un problème :

```
$ symfony composer req profiler --dev
```

`profiler` est un alias pour le paquet `symfony/profiler-pack`.

Les *alias* ne sont pas une fonctionnalité interne à Composer, mais un concept fourni par Symfony pour vous faciliter la vie. Les alias sont des raccourcis pour les paquets populaires de Composer. Vous voulez un ORM pour votre application ? Demandez `orm`. Vous voulez développer une API ? Demandez `api`. Ces alias font référence à un ou plusieurs paquets normaux de Composer. Ce sont des choix arbitraires faits par l'équipe principale de Symfony.

Un autre détail intéressant est que vous pouvez toujours omettre le `symfony` du nom des paquets. Demandez `cache` au lieu de `symfony/cache`.

 Vous souvenez-vous que nous avons mentionné un plugin Composer nommé `symfony/flex` ? Les alias sont l'une de ses fonctionnalités.

## 5.2 Comprendre les environnements Symfony

Avez-vous remarqué l'option `--dev` sur la commande `composer req` ? Comme le Symfony Profiler n'est utile que pendant le développement, nous voulons éviter qu'il soit installé en production.

Symfony intègre une notion d'"*environnement*. Par défaut, il y en a trois, mais vous pouvez en ajouter autant que vous le souhaitez : `dev`, `prod` et `test`. Tous les environnements partagent le même code, mais ils représentent des *configurations* différentes.

Par exemple, tous les outils de débogage sont activés en environnement de `dev`. Dans celui de `prod`, l'application est optimisée pour la performance.

Basculer d'un environnement à l'autre peut se faire en changeant la variable d'environnement `APP_ENV`.

Lorsque vous avez déployé vers SymfonyCloud, l'environnement (stocké dans `APP_ENV`) a été automatiquement modifié en `prod`.

# 5.3 Gérer la configuration des environnements

`APP_ENV` peut être défini en utilisant des variables d'environnement « réelles » depuis votre terminal :

```
$ export APP_ENV=dev
```

L'utilisation de variables d'environnement réelles est la meilleure façon de définir des valeurs comme `APP_ENV` en production. Mais sur les machines de développement, avoir à définir beaucoup de variables d'environnement peut s'avérer fastidieux. Définissez-les plutôt dans un fichier `.env`.

Un fichier sensible `.env` a été généré automatiquement pour vous lorsque le projet a été créé :

*.env*
```
###> symfony/framework-bundle ###
APP_ENV=dev
APP_SECRET=c2927f273163f7225a358e3a1bbbed8a
#TRUSTED_PROXIES=127.0.0.1,127.0.0.2
#TRUSTED_HOSTS='^localhost|example\.com$'
###< symfony/framework-bundle ###
```

 N'importe quel paquet peut ajouter plus de variables d'environnement à ce fichier grâce à leur recette utilisée par Symfony Flex.

Le fichier `.env` est commité sur le dépôt Git et liste les valeurs *par défaut* de la production. Vous pouvez surcharger ces valeurs en créant un fichier `.env.local`. Ce fichier ne doit pas être commité : c'est pourquoi le fichier `.gitignore` l'ignore déjà.

Ne stockez jamais des données secrètes ou sensibles dans ces fichiers. Nous verrons comment gérer ces données sensibles dans une autre étape.

# 5.4 Enregistrer tout dans les logs

Par défaut, les capacités de logging et de débogage sont limitées sur les nouveaux projets. Ajoutons d'autres outils pour nous aider à comprendre les problèmes en développement, mais aussi en production :

```
$ symfony composer req logger
```

Pour les outils de débogage, ne les installons que pour le développement
:

```
$ symfony composer req debug --dev
```

## 5.5 Découvrir les outils de débogage de Symfony

Si vous rafraîchissez la page d'accueil, vous devriez maintenant voir une barre d'outils en bas de l'écran :

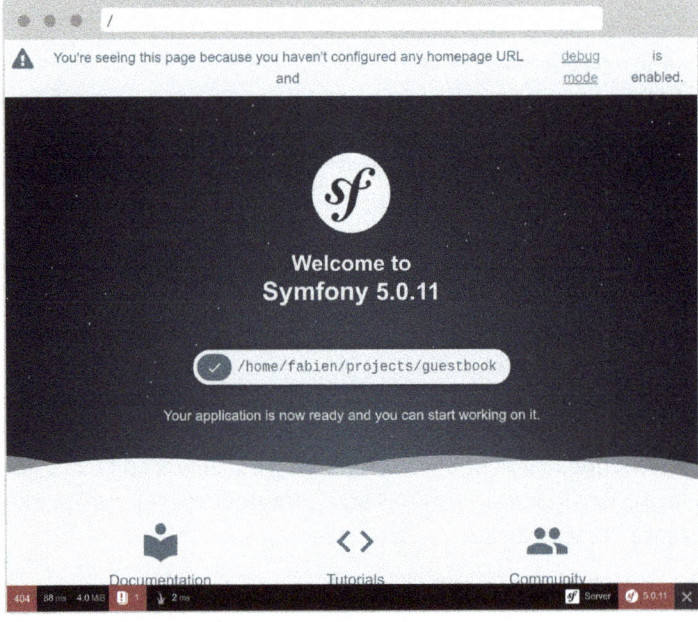

La première chose que vous remarquerez, c'est le **404** en rouge. Rappelez-vous que ce n'est qu'une page de remplissage, car nous n'avons toujours pas défini de page d'accueil. Même si la page par défaut qui vous accueille est belle, c'est quand même une page d'erreur. Le code d'état HTTP correct est donc 404, pas 200. Grâce à la *web debug toolbar*, vous avez l'information tout de suite.

Si vous cliquez sur le petit point d'exclamation, vous obtenez le « vrai » message d'exception dans les logs du *Symfony Profiler*. Si vous voulez voir la *stack trace*, cliquez sur le lien « Exception » dans le menu de gauche.

Chaque fois qu'il y a un problème avec votre code, vous verrez une page d'exception comme celle-ci qui vous donnera tout ce dont vous aurez besoin pour comprendre le problème et d'où il vient :

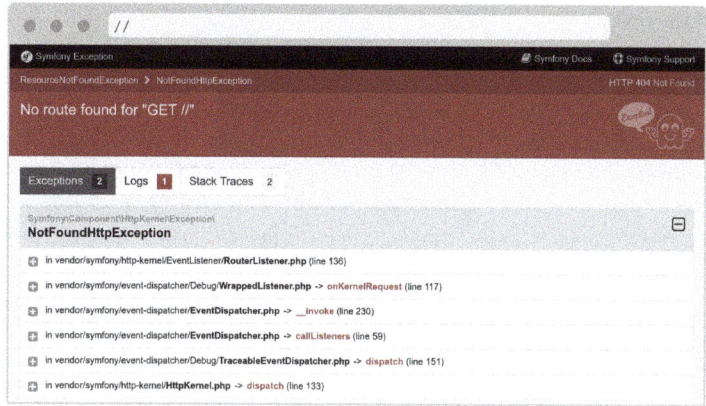

Prenez le temps d'explorer les informations à l'intérieur du profileur Symfony en cliquant partout.

Les logs sont également très utiles dans les sessions de débogage. Symfony a une commande pratique pour consulter tous les logs (du serveur web, de PHP et de votre application) :

```
$ symfony server:log
```

Réalisons une petite expérience. Ouvrez `public/index.php` et cassez le code PHP (ajoutez foobar au milieu du code par exemple). Rafraîchissez la page dans le navigateur et observez le contenu des logs :

```
Dec 21 10:04:59 |DEBUG| PHP    PHP Parse error:  syntax error, unexpected
'use' (T_USE) in public/index.php on line 5 path="/usr/bin/php7.42"
php="7.42.0"
Dec 21 10:04:59 |ERROR| SERVER GET  (500) / ip="127.0.0.1"
```

Le résultat est joliment coloré pour attirer votre attention sur les erreurs.

Une autre grande aide au débogage est la fonction Symfony `dump()`. Elle est toujours disponible et vous permet d'afficher des variables complexes dans un format agréable et interactif.

Modifiez temporairement `public/index.php` pour afficher l'objet Request :

```
--- a/public/index.php
+++ b/public/index.php
@@ -23,5 +23,8 @@ if ($trustedHosts = $_SERVER['TRUSTED_HOSTS'] ?? false) {
 $kernel = new Kernel($_SERVER['APP_ENV'], (bool) $_SERVER['APP_DEBUG']);
 $request = Request::createFromGlobals();
 $response = $kernel->handle($request);
+
+dump($request);
+
 $response->send();
 $kernel->terminate($request, $response);
```

Lors du rafraîchissement de la page, remarquez la nouvelle icône « cible »
dans la barre d'outils ; elle vous permet d'inspecter le *dump*. Cliquez
dessus pour accéder à une page dédiée où la navigation est simplifiée :

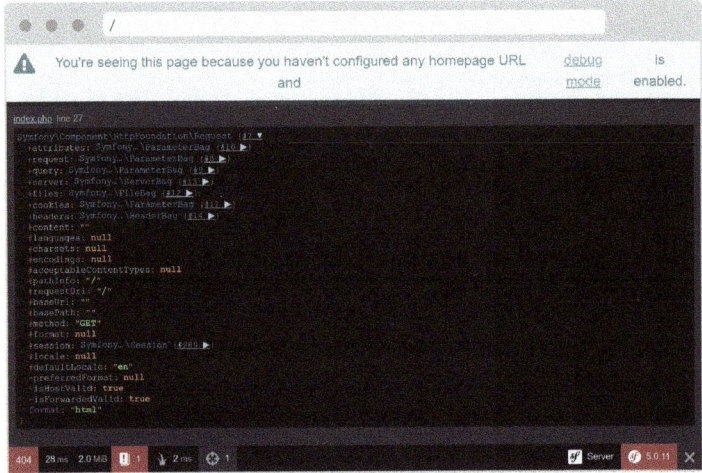

Annulez les modifications avant de commiter les autres modifications
effectuées dans cette étape :

```
$ git checkout public/index.php
```

# 5.6 Configurer votre IDE

En environnement de développement, lorsqu'une exception est levée,
Symfony affiche une page avec le message de l'exception et sa *stack trace*.
Lors de l'affichage d'un chemin de fichier, un lien, qui ouvre le fichier à
la bonne ligne dans votre IDE favori, est ajouté. Pour bénéficier de cette
fonctionnalité, vous devez configurer votre IDE. Symfony supporte de

nombreux IDE par défaut ; j'utilise Visual Studio Code pour ce projet :

```
--- a/php.ini
+++ b/php.ini
@@ -6,3 +6,4 @@ max_execution_time=30
 session.use_strict_mode=On
 realpath_cache_ttl=3600
 zend.detect_unicode=Off
+xdebug.file_link_format=vscode://file/%f:%l
```

Les fichiers liés ne sont pas limités à des exceptions. Par exemple, le contrôleur dans la *web debug toolbar* devient cliquable après avoir configuré l'IDE.

# 5.7 Déboguer en production

Le débogage des serveurs de production est toujours plus délicat. Vous n'avez pas accès au Symfony Profiler par exemple. Les logs sont moins détaillés. Mais il est possible de consulter les logs :

```
$ symfony logs
```

Vous pouvez même vous connecter en SSH sur le conteneur web :

```
$ symfony ssh
```

Ne vous inquiétez pas, vous ne pouvez rien casser facilement. Une grande partie du système de fichiers est en lecture seule. Vous ne serez pas en mesure de faire un correctif urgent en production, mais vous apprendrez une manière bien plus adaptée de le faire plus loin dans le livre.

 Aller plus loin

- *SymfonyCasts : tutoriel sur les environnements et les fichiers de configuration*[1] ;
- *SymfonyCasts : tutoriel sur les variables d'environnement*[2] ;
- *SymfonyCasts : tutoriel sur la Web Debug Toolbar et le Profiler*[3] ;
- *Gérer plusieurs fichiers .env*[4] dans les applications Symfony.

1. https://symfonycasts.com/screencast/symfony-fundamentals/environment-config-files
2. https://symfonycasts.com/screencast/symfony-fundamentals/environment-variables
3. https://symfonycasts.com/screencast/symfony/debug-toolbar-profiler
4. https://symfony.com/doc/current/configuration.html#managing-multiple-env-files

# Étape 6
# Créer un contrôleur

Notre projet de livre d'or est déjà en ligne sur les serveurs de production, mais nous avons un peu triché. Le projet n'a pas encore de page web. La page d'accueil est une ennuyeuse page d'erreur 404. Corrigeons cela.

Lorsqu'une requête HTTP arrive au serveur, comme pour notre page d'accueil (`http://localhost:8000/`), Symfony essaie de trouver une *route* qui corresponde au *chemin de la requête* (`/` ici). Une *route* est le lien entre le chemin de la requête et un *callable PHP*, une fonction devant créer la *réponse* HTTP associée à cette requête.

Ces *callables* sont nommés « contrôleurs ». Dans Symfony, la plupart des contrôleurs sont implémentés sous la forme de classes PHP. Vous pouvez créer ces classes manuellement, mais comme nous aimons aller vite, voyons comment Symfony peut nous aider.

## 6.1 Se faciliter la vie avec le *Maker Bundle*

Pour générer des contrôleurs facilement, nous pouvons utiliser le paquet `symfony/maker-bundle` :

```
$ symfony composer req maker --dev
```

Comme le *Maker Bundle* n'est utile que pendant le développement, n'oubliez pas d'ajouter l'option `--dev` pour éviter qu'il ne soit activé en production.

Le *Maker Bundle* vous permet de générer un grand nombre de classes différentes. Nous l'utiliserons constamment dans ce livre. Chaque « générateur » correspond à une commande et chacune d'entre elles appartient au même *namespace* make.

La commande list, intégrée nativement à la console symfony, permet d'afficher toutes les commandes disponibles sous un *namespace* donné ; utilisez-la pour découvrir tous les générateurs fournis par le *Maker Bundle* :

```
$ symfony console list make
```

# 6.2 Choisir un format de configuration

Avant de créer le premier contrôleur du projet, nous devons décider des formats de configuration que nous voulons utiliser. Symfony supporte nativement YAML, XML, PHP et les annotations.

Pour la *configuration des paquets*, YAML est le meilleur choix. C'est le format utilisé dans le répertoire config/. Souvent, lorsque vous installez un nouveau paquet, la recette de ce paquet crée un nouveau fichier se terminant par .yaml dans ce répertoire.

Pour la *configuration liée au code PHP*, les *annotations* sont plus appropriées, car elles cohabitent avec le code. Prenons un exemple : lorsqu'une requête arrive, la configuration doit indiquer à Symfony que le chemin de la requête doit être géré par un contrôleur spécifique (une classe PHP). Si notre configuration est en YAML, XML ou PHP, deux fichiers sont alors impliqués (le fichier de configuration et le contrôleur PHP). Avec les annotations, la configuration se fait directement dans le contrôleur.

Pour pouvoir utiliser les annotations, nous devons ajouter une autre dépendance :

```
$ symfony composer req annotations
```

Vous vous demandez peut-être comment vous pouvez deviner le nom du paquet à installer pour une fonctionnalité donnée ? La plupart du temps, vous n'avez pas besoin de le savoir, car Symfony propose le nom du paquet à installer dans ses messages d'erreur. Par exemple, exécuter symfony make:controller sans le paquet annotations se terminerait par une exception contenant une indication sur le bon paquet à installer.

# 6.3 Générer un contrôleur

Créez votre premier *Controller* avec la commande `make:controller` :

```
$ symfony console make:controller ConferenceController
```

La commande crée une classe `ConferenceController` dans le répertoire `src/Controller/`. La classe générée contient du code standard prêt à être ajusté :

*src/Controller/ConferenceController.php*
```php
namespace App\Controller;

use Symfony\Bundle\FrameworkBundle\Controller\AbstractController;
use Symfony\Component\HttpFoundation\Response;
use Symfony\Component\Routing\Annotation\Route;

class ConferenceController extends AbstractController
{
    /**
     * @Route("/conference", name="conference")
     */
    public function index(): Response
    {
        return $this->render('conference/index.html.twig', [
            'controller_name' => 'ConferenceController',
        ]);
    }
}
```

L'annotation `@Route("/conference", name="conference")` est ce qui fait de la méthode `index()` un contrôleur (la configuration est à côté du code qu'elle configure).

Lorsque vous visitez la page `/conference` dans un navigateur, le contrôleur est exécuté et une réponse est renvoyée.

Modifiez la route afin qu'elle corresponde à la page d'accueil :

```diff
--- a/src/Controller/ConferenceController.php
+++ b/src/Controller/ConferenceController.php
@@ -9,7 +9,7 @@ use Symfony\Component\Routing\Annotation\Route;
 class ConferenceController extends AbstractController
 {
     /**
-     * @Route("/conference", name="conference")
+     * @Route("/", name="homepage")
     */
    public function index(): Response
    {
```

Le nom de la route (`name`) sera utile lorsque nous voudrons faire référence à la page d'accueil dans notre code. Au lieu de coder en dur le chemin /, nous utiliserons le nom de la route.

À la place de la page par défaut, retournons une simple page HTML :

```
--- a/src/Controller/ConferenceController.php
+++ b/src/Controller/ConferenceController.php
@@ -13,8 +13,13 @@ class ConferenceController extends AbstractController
         */
        public function index(): Response
        {
-            return $this->render('conference/index.html.twig', [
-                'controller_name' => 'ConferenceController',
-            ]);
+            return new Response(<<<EOF
+<html>
+    <body>
+        <img src="/images/under-construction.gif" />
+    </body>
+</html>
+EOF
+            );
        }
    }
```

Rafraîchissez le navigateur :

La responsabilité principale d'un contrôleur est de retourner une réponse HTTP (Response) pour la requête.

## 6.4 Ajouter un *easter egg*

Pour montrer comment une réponse peut tirer parti de l'information contenue dans la requête, ajoutons un petit *easter egg*[1]. Lorsqu'une requête vers la page d'accueil sera réalisée avec un paramètre d'URL comme ?hello=Fabien, nous ajouterons du texte pour saluer la personne :

```
--- a/src/Controller/ConferenceController.php
+++ b/src/Controller/ConferenceController.php
@@ -3,6 +3,7 @@
 namespace App\Controller;

 use Symfony\Bundle\FrameworkBundle\Controller\AbstractController;
+use Symfony\Component\HttpFoundation\Request;
 use Symfony\Component\HttpFoundation\Response;
 use Symfony\Component\Routing\Annotation\Route;

@@ -11,11 +12,17 @@ class ConferenceController extends AbstractController
     /**
      * @Route("/", name="homepage")
      */
-    public function index(): Response
+    public function index(Request $request): Response
     {
+        $greet = '';
+        if ($name = $request->query->get('hello')) {
+            $greet = sprintf('<h1>Hello %s!</h1>', htmlspecialchars($name));
+        }
+
         return new Response(<<<EOF
 <html>
     <body>
+        $greet
         <img src="/images/under-construction.gif" />
     </body>
 </html>
```

Symfony expose les données de la requête à travers un objet Request. Lorsque Symfony voit un argument de contrôleur avec ce typage précis, il sait automatiquement qu'il doit vous le passer. Nous pouvons l'utiliser pour récupérer le nom depuis le paramètre d'URL et ajouter un titre <h1>.

Dans un navigateur, rendez-vous sur /, puis sur /?hello=Fabien pour constater la différence.

Remarquez l'appel à htmlspecialchars(), pour éviter les attaques XSS. Ce sera fait automatiquement pour nous lorsque nous passerons à un moteur de template digne de ce nom.

---

1. https://en.wikipedia.org/wiki/Easter_egg_(media)#In_computing

Nous aurions également pu inclure le nom directement dans l'URL :

```
--- a/src/Controller/ConferenceController.php
+++ b/src/Controller/ConferenceController.php
@@ -9,13 +9,19 @@ use Symfony\Component\Routing\Annotation\Route;
 class ConferenceController extends AbstractController
 {
     /**
-     * @Route("/", name="homepage")
+     * @Route("/hello/{name}", name="homepage")
     */
-    public function index(): Response
+    public function index(string $name = ''): Response
     {
+        $greet = '';
+        if ($name) {
+            $greet = sprintf('<h1>Hello %s!</h1>', htmlspecialchars($name));
+        }
+
         return new Response(<<<EOF
 <html>
     <body>
+        $greet
         <img src="/images/under-construction.gif" />
     </body>
 </html>
```

La partie de la route {name} est un *paramètre de route* dynamique - il fonctionne comme un joker. Vous pouvez maintenant vous rendre sur /hello et sur /hello/Fabien dans un navigateur pour obtenir les mêmes résultats qu'auparavant. Vous pouvez récupérer la *valeur* du paramètre {name} en ajoutant un argument portant le même *nom* au contrôleur, donc $name.

 **Aller plus loin**

- Le système de *routage*[2] de Symfony ;
- *SymfonyCasts : tutoriels sur les routes, contrôleurs et pages*[3] ;
- *Annotations*[4] ; en PHP ;
- Le composant *HttpFoundation*[5] ;
- Attaques de sécurité *XSS (Cross-Site Scripting)*[6] ;
- La *cheat sheet du système de routage Symfony*[7].

---

2. https://symfony.com/doc/current/routing.html
3. https://symfonycasts.com/screencast/symfony/route-controller
4. https://www.doctrine-project.org/projects/doctrine-annotations/en/1.6/annotations.html
5. https://symfony.com/doc/current/components/http_foundation.html

6. https://owasp.org/www-community/attacks/xss/
7. https://github.com/andreia/symfony-cheat-sheets/blob/master/Symfony4/routing_en_part1.pdf

Étape 7

# Mettre en place une base de données

Le site web du livre d'or de la conférence permet de recueillir des commentaires pendant les conférences. Nous avons besoin de stocker ces commentaires dans un stockage persistant.

Un commentaire est mieux décrit par une structure de données fixe : un nom, un email, le texte du commentaire et une photo facultative. Ce type de données se stocke facilement dans un moteur de base de données relationnelle traditionnel.

PostgreSQL est le moteur de base de données que nous allons utiliser.

## 7.1 Ajouter PostgreSQL à Docker Compose

Sur notre machine locale, nous avons décidé d'utiliser Docker pour gérer nos services. Créez un fichier `docker-compose.yaml` et ajoutez PostgreSQL en tant que service :

*docker-compose.yaml*
```
version: '3'

services:
    database:
        image: postgres:13-alpine
```

```
    environment:
        POSTGRES_USER: main
        POSTGRES_PASSWORD: main
        POSTGRES_DB: main
    ports: [5432]
```

Un serveur PostgreSQL sera alors installé en version 11 et certaines variables d'environnement, qui contrôlent le nom de la base de données et ses identifiants, seront configurées. Les valeurs n'ont pas vraiment d'importance.

Nous exposons également le port PostgreSQL (5432) du conteneur à l'hôte local. Cela nous aidera à accéder à la base de données à partir de notre machine.

 L'extension `pdo_pgsql` a déjà dû être installée précédemment lors de l'installation de PHP.

## 7.2 Démarrer Docker Compose

Lancez Docker Compose en arrière-plan (`-d`) :

```
$ docker-compose up -d
```

Attendez un peu pour laisser démarrer la base de données, puis vérifiez que tout fonctionne bien :

```
$ docker-compose ps
```

| Name | Command | State | Ports |
|------|---------|-------|-------|
| guestbook_database_1 | docker-entrypoint.sh postgres | Up | 0.0.0.0:32780->5432/tcp |

S'il n'y a pas de conteneurs en cours d'exécution ou si la colonne `State` n'indique pas `Up`, vérifiez les logs de Docker Compose :

```
$ docker-compose logs
```

## 7.3 Accéder à la base de données locale

L'utilitaire en ligne de commande `psql` peut parfois s'avérer utile. Mais vous devez vous rappelez des informations d'identification et du nom de la base de données. Encore moins évident, vous devez aussi connaître le port local sur lequel la base de données tourne sur l'hôte. Docker choisit un port aléatoire pour que vous puissiez travailler sur plus d'un projet en utilisant PostgreSQL en même temps (le port local fait partie de la sortie de `docker-compose ps`).

Si vous utilisez `psql` avec la commande `symfony`, vous n'avez pas besoin de vous souvenir de quoi que ce soit.

La commande `symfony` détecte automatiquement les services Docker en cours d'exécution pour le projet et expose les variables d'environnement dont `psql` a besoin pour se connecter à la base de données.

Grâce à ces conventions, accéder à la base de données avec `symfony run` est beaucoup plus facile :

```
$ symfony run psql
```

 If you don't have the `psql` binary on your local host, you can also run it via `docker-compose`:

```
$ docker-compose exec database psql main
```

# 7.4 Ajouter PostgreSQL à SymfonyCloud

Pour l'infrastructure de production sur SymfonyCloud, l'ajout d'un service comme PostgreSQL doit se faire dans le fichier actuellement vide `.symfony/services.yaml` :

*.symfony/services.yaml*
```
db:
    type: postgresql:13
    disk: 1024
    size: S
```

Le service `db` est une base de données PostgreSQL en version 11 (comme pour Docker) que nous voulons provisionner sur un petit conteneur avec 1 Go d'espace disque.

Nous devons également « lier » la BDD au conteneur de l'application, qui est décrit dans `.symfony.cloud.yaml` :

*.symfony.cloud.yaml*

```
relationships:
    database: "db:postgresql"
```

Le service **db** de type **postgresql** est référencé comme **database** sur le conteneur d'application.

La dernière étape consiste à ajouter l'extension **pdo_pgsql** à PHP :

*.symfony.cloud.yaml*
```
runtime:
    extensions:
        - pdo_pgsql
        # other extensions here
```

Voici l'ensemble des changements du fichier **.symfony.cloud.yaml** :

```
--- a/.symfony.cloud.yaml
+++ b/.symfony.cloud.yaml
@@ -4,6 +4,7 @@ type: php:7.4

 runtime:
     extensions:
+        - pdo_pgsql
         - apcu
         - mbstring
         - sodium
@@ -21,6 +22,9 @@ build:

 disk: 512

+relationships:
+    database: "db:postgresql"
+
 web:
     locations:
         "/":
```

Commitez ces modifications et redéployez-les vers SymfonyCloud :

```
$ git add .
$ git commit -m'Configuring the database'
$ symfony deploy
```

# 7.5 Accéder à la base de données de SymfonyCloud

PostgreSQL fonctionne maintenant localement via Docker et en production sur SymfonyCloud.

Comme nous venons de le voir, exécuter "symfony run psql" permet de se connecter automatiquement à la base de données hébergée avec Docker grâce aux variables d'environnement exposées par `symfony run`.

Si vous souhaitez vous connecter à PostgreSQL hébergé dans les conteneurs de production, vous pouvez ouvrir un tunnel SSH entre la machine locale et l'infrastructure SymfonyCloud :

```
$ symfony tunnel:open --expose-env-vars
```

Par défaut, les services SymfonyCloud ne sont pas exposés comme variables d'environnement sur la machine locale. Vous devez le faire explicitement en utilisant l'option `--expose-env-vars`. Pourquoi ? La connexion à la base de données de production est une opération dangereuse et vous risquez de compromettre de *vraies* données. L'utilisation de l'option vous permet de confirmer que vous comprenez ce que vous vous apprêtez à faire.

Comme précédemment, connectez-vous à la base de données PostgreSQL distante avec `symfony run psql` :

```
$ symfony run psql
```

Quand vous avez terminé, n'oubliez pas de fermer le tunnel :

```
$ symfony tunnel:close
```

 Au lieu d'ouvrir un shell, vous pouvez également utiliser la commande `symfony sql` pour exécuter des requêtes SQL sur la base de données de production.

# 7.6 Exposer des variables d'environnement

Docker Compose et SymfonyCloud fonctionnent en harmonie avec Symfony grâce aux variables d'environnement.

Vérifier toutes les variables d'environnement exposées par `symfony` en exécutant `symfony var:export` :

```
$ symfony var:export

PGHOST=127.0.0.1
PGPORT=32781
PGDATABASE=main
PGUSER=main
PGPASSWORD=main
```

```
# ...
```

Les variables d'environnement commençant par `PG` sont utilisées par l'utilitaire `psql`. Et les autres ?

Lorsqu'un tunnel est ouvert vers SymfonyCloud avec l'option `--expose-env-vars`, la commande `var:export` retourne les variables d'environnement distantes :

```
$ symfony tunnel:open --expose-env-vars
$ symfony var:export
$ symfony tunnel:close
```

 ## Aller plus loin

- *SymfonyCloud services*[1] ;
- *SymfonyCloud tunnel*[2] ;
- *Documentation PostgreSQL*[3] ;
- *Les commandes docker-compose*[4].

---

1. https://symfony.com/doc/current/cloud/services/intro.html#available-services
2. https://symfony.com/doc/current/cloud/services/intro.html#connecting-to-a-service
3. https://www.postgresql.org/docs/
4. https://docs.docker.com/compose/reference/

## Étape 8
# Décrire la structure des données

Pour interagir avec la base de données depuis PHP, nous allons nous appuyer sur *Doctrine*[1], un ensemble de bibliothèques qui nous aide à gérer les bases de données :

```
$ symfony composer req "orm:^2"
```

Cette commande installe quelques dépendances : Doctrine DBAL (une couche d'abstraction de base de données), Doctrine ORM (une bibliothèque pour manipuler le contenu de notre base de données en utilisant des objets PHP) et Doctrine Migrations.

## 8.1 Configurer Doctrine ORM

Comment est-ce que Doctrine est au courant de notre connexion à la base de données ? La recette de Doctrine a ajouté un fichier de configuration qui contrôle son comportement : `config/packages/doctrine.yaml`. Le paramètre principal est le *DSN de la base de données*, une chaîne contenant toutes les informations sur la connexion : identifiants, hôte, port, etc. Par défaut, Doctrine recherche une variable d'environnement `DATABASE_URL`.

---

1. https://www.doctrine-project.org/

## 8.2 Comprendre les conventions des variables d'environnement de Symfony

Vous pouvez définir la variable `DATABASE_URL` manuellement dans le fichier `.env` ou `.env.local`. En fait, grâce à la recette du paquet, vous verrez un exemple de variable `DATABASE_URL` dans votre fichier `.env`. Mais comme le port exposé par Docker vers PostgreSQL peut changer, c'est assez lourd. Il y a une meilleure solution.

Au lieu de coder en dur la variable `DATABASE_URL` dans un fichier, nous pouvons préfixer toutes les commandes avec `symfony`. Ceci détectera les services exécutés par Docker et/ou SymfonyCloud (lorsque le tunnel est ouvert) et définira automatiquement la variable d'environnement.

Docker Compose et SymfonyCloud fonctionnent parfaitement avec Symfony grâce à ces variables d'environnement.

Vérifiez toutes les variables d'environnement exposées en exécutant `symfony var:export` :

```
$ symfony var:export
```

```
DATABASE_URL=postgres://main:main@127.0.0.1:32781/
main?sslmode=disable&charset=utf8
# ...
```

Vous rappelez-vous du *nom du service* `database` utilisé dans les configurations Docker et SymfonyCloud ? Les noms des services sont utilisés comme préfixes pour définir des variables d'environnement telles que `DATABASE_URL`. Si vos services sont nommés selon les conventions Symfony, aucune autre configuration n'est nécessaire.

 Les bases de données ne sont pas les seuls services qui bénéficient des conventions Symfony. Il en va de même pour Mailer, par exemple (via la variable d'environnement `MAILER_DSN`).

## 8.3 Modifier la valeur par défaut de DATABASE_URL dans le fichier .env

Nous allons quand même changer le fichier `.env` pour initialiser la variable `DATABASE_DSN` pour l'utilisation de PostgreSQL :

```
--- a/.env
+++ b/.env
@@ -26,5 +26,5 @@ APP_SECRET=7567b803de0f51b0d93e66b064cad2bf
 #
 # DATABASE_URL="sqlite:///%kernel.project_dir%/var/data.db"
 # DATABASE_URL="mysql://db_user:db_password@127.0.0.1:3306/
db_name?serverVersion=5.7"
-DATABASE_URL="postgresql://db_user:db_password@127.0.0.1:5432/
db_name?serverVersion=13&charset=utf8"
+DATABASE_URL="postgresql://127.0.0.1:5432/db?serverVersion=13&charset=utf8"
 ###< doctrine/doctrine-bundle ###
```

Pourquoi l'information doit-elle être dupliquée à deux endroits différents ? Parce que sur certaines plates-formes de Cloud, au *moment de la compilation*, l'URL de la base de données n'est peut-être pas encore connue mais Doctrine a besoin de connaître le moteur de la base de données pour initialiser sa configuration. Ainsi, l'hôte, le pseudo et le mot de passe n'ont pas vraiment d'importance.

# 8.4 Créer des classes d'entités

Une conférence peut être décrite en quelques propriétés :

- La *ville* où la conférence est organisée ;
- L'*année* de la conférence ;
- Une option *international* pour indiquer si la conférence est locale ou internationale (SymfonyLive vs SymfonyCon).

Le *Maker Bundle* peut nous aider à générer une classe (une classe *Entity*) qui représente une conférence :

```
$ symfony console make:entity Conference
```

Cette commande est interactive : elle vous guidera dans le processus d'ajout de tous les champs dont vous avez besoin. Utilisez les réponses suivantes (la plupart d'entre elles sont les valeurs par défaut, vous pouvez donc appuyer sur la touche « Entrée » pour les utiliser) :

- city, string, 255, no ;
- year, string, 4, no ;
- isInternational, boolean, no.

Voici la sortie complète lors de l'exécution de la commande :

```
created: src/Entity/Conference.php
created: src/Repository/ConferenceRepository.php

Entity generated! Now let's add some fields!
You can always add more fields later manually or by re-running this command.

New property name (press <return> to stop adding fields):
> city

Field type (enter ? to see all types) [string]:
>

Field length [255]:
>

Can this field be null in the database (nullable) (yes/no) [no]:
>

updated: src/Entity/Conference.php

Add another property? Enter the property name (or press <return> to stop
adding fields):
> year

Field type (enter ? to see all types) [string]:
>

Field length [255]:
> 4

Can this field be null in the database (nullable) (yes/no) [no]:
>

updated: src/Entity/Conference.php

Add another property? Enter the property name (or press <return> to stop
adding fields):
> isInternational

Field type (enter ? to see all types) [boolean]:
>

Can this field be null in the database (nullable) (yes/no) [no]:
>

updated: src/Entity/Conference.php

Add another property? Enter the property name (or press <return> to stop
adding fields):
>


 Success!


Next: When you're ready, create a migration with make:migration
```

La classe `Conference` a été stockée sous le *namespace* `App\Entity\`.

La commande a également généré une classe de *repository* Doctrine : `App\Repository\ConferenceRepository`.

Le code généré ressemble à ce qui suit (seule une petite partie du fichier est retranscrite ici) :

*src/App/Entity/Conference.php*

```php
namespace App\Entity;

use App\Repository\ConferenceRepository;
use Doctrine\ORM\Mapping as ORM;

/**
 * @ORM\Entity(repositoryClass=ConferenceRepository::class)
 */
class Conference
{
    /**
     * @ORM\Id()
     * @ORM\GeneratedValue()
     * @ORM\Column(type="integer")
     */
    private $id;

    /**
     * @ORM\Column(type="string", length=255)
     */
    private $city;

    // ...

    public function getCity(): ?string
    {
        return $this->city;
    }

    public function setCity(string $city): self
    {
        $this->city = $city;

        return $this;
    }

    // ...
}
```

Notez que la classe elle-même est une classe PHP sans aucune référence à Doctrine. Les annotations sont utilisées pour ajouter des métadonnées utiles à Doctrine afin de mapper la classe à sa table associée dans la base de données.

Doctrine a ajouté un attribut `id` pour stocker la clé primaire de la ligne dans la table de la base de données. Cette clé (`@ORM\Id()`) est générée automatiquement (@ORM\GeneratedValue()) avec une stratégie qui dépend du moteur de base de données.

Maintenant, générez une classe d'entité pour les commentaires de la conférence :

```
$ symfony console make:entity Comment
```

Entrez les réponses suivantes :

- author, string, 255, no ;
- text, text, no ;
- email, string, 255, no ;
- createdAt, datetime, no.

# 8.5 Lier les entités

Les deux entités, *Conference* et *Comment*, devraient être liées l'une à l'autre. Une conférence peut avoir zéro commentaire ou plus, ce qui s'appelle une relation *one-to-many*.

Utilisez à nouveau la commande make:entity pour ajouter cette relation à la classe Conference :

```
$ symfony console make:entity Conference
```

```
Your entity already exists! So let's add some new fields!

New property name (press <return> to stop adding fields):
> comments

Field type (enter ? to see all types) [string]:
> OneToMany

What class should this entity be related to?:
> Comment

A new property will also be added to the Comment class...

New field name inside Comment [conference]:
>

Is the Comment.conference property allowed to be null (nullable)? (yes/no)
[yes]:
> no

Do you want to activate orphanRemoval on your relationship?
```

```
A Comment is "orphaned" when it is removed from its related Conference.
e.g. $conference->removeComment($comment)

NOTE: If a Comment may *change* from one Conference to another, answer "no".

Do you want to automatically delete orphaned App\Entity\Comment objects
(orphanRemoval)? (yes/no) [no]:
> yes

updated: src/Entity/Conference.php
updated: src/Entity/Comment.php
```

 Si vous entrez ? comme réponse pour le type, vous obtiendrez tous les types pris en charge :

```
Main types
  * string
  * text
  * boolean
  * integer (or smallint, bigint)
  * float

Relationships / Associations
  * relation (a wizard will help you build the relation)
  * ManyToOne
  * OneToMany
  * ManyToMany
  * OneToOne

Array/Object Types
  * array (or simple_array)
  * json
  * object
  * binary
  * blob

Date/Time Types
  * datetime (or datetime_immutable)
  * datetimetz (or datetimetz_immutable)
  * date (or date_immutable)
  * time (or time_immutable)
  * dateinterval

Other Types
  * decimal
  * guid
  * json_array
```

Jetez un coup d'oeil au *diff* complet entre les classes d'entités après l'ajout de la relation :

```
--- a/src/Entity/Comment.php
+++ b/src/Entity/Comment.php
```

```
@@ -36,6 +36,12 @@ class Comment
     */
    private $createdAt;

+   /**
+    * @ORM\ManyToOne(targetEntity=Conference::class, inversedBy="comments")
+    * @ORM\JoinColumn(nullable=false)
+    */
+   private $conference;
+
    public function getId(): ?int
    {
        return $this->id;
@@ -88,4 +94,16 @@ class Comment

        return $this;
    }
+
+   public function getConference(): ?Conference
+   {
+       return $this->conference;
+   }
+
+   public function setConference(?Conference $conference): self
+   {
+       $this->conference = $conference;
+
+       return $this;
+   }
 }
--- a/src/Entity/Conference.php
+++ b/src/Entity/Conference.php
@@ -2,6 +2,8 @@

 namespace App\Entity;

+use Doctrine\Common\Collections\ArrayCollection;
+use Doctrine\Common\Collections\Collection;
 use Doctrine\ORM\Mapping as ORM;

 /**
@@ -31,6 +33,16 @@ class Conference
     */
    private $isInternational;

+   /**
+    * @ORM\OneToMany(targetEntity=Comment::class, mappedBy="conference",
orphanRemoval=true)
+    */
+   private $comments;
+
+   public function __construct()
+   {
+       $this->comments = new ArrayCollection();
+   }
+
    public function getId(): ?int
```

```
        {
            return $this->id;
@@ -71,4 +83,35 @@ class Conference

            return $this;
        }
+
+        /**
+         * @return Collection|Comment[]
+         */
+        public function getComments(): Collection
+        {
+            return $this->comments;
+        }
+
+        public function addComment(Comment $comment): self
+        {
+            if (!$this->comments->contains($comment)) {
+                $this->comments[] = $comment;
+                $comment->setConference($this);
+            }
+
+            return $this;
+        }
+
+        public function removeComment(Comment $comment): self
+        {
+            if ($this->comments->contains($comment)) {
+                $this->comments->removeElement($comment);
+                // set the owning side to null (unless already changed)
+                if ($comment->getConference() === $this) {
+                    $comment->setConference(null);
+                }
+            }
+
+            return $this;
+        }
    }
```

Tout ce dont vous avez besoin pour gérer la relation a été généré pour
vous. Une fois généré, le code devient le vôtre ; n'hésitez pas à le
personnaliser comme vous le souhaitez.

# 8.6 Ajouter d'autres propriétés

Je viens de réaliser que nous avons oublié d'ajouter une propriété sur
l'entité *Comment* : une photo de la conférence peut être jointe afin
d'illustrer un retour d'expérience.

Exécutez à nouveau `make:entity` et ajoutez une propriété/colonne
`photoFilename` de type `string`. Mais, comme l'ajout d'une photo est
facultatif, permettez-lui d'être `null` :

```
$ symfony console make:entity Comment
```

# 8.7 Migrer la base de données

La structure du projet est maintenant entièrement décrite par les deux classes générées.

Ensuite, nous devons créer les tables de base de données liées à ces entités PHP.

*Doctrine Migrations* est la solution idéale pour cela. Le paquet a déjà été installé dans le cadre de la dépendance orm.

Une *migration* est une classe qui décrit les changements nécessaires pour mettre à jour un schéma de base de données, de son état actuel vers le nouveau, en fonction des annotations de l'entité. Comme la base de données est vide pour l'instant, la migration devrait consister en la création de deux tables.

Voyons ce que Doctrine génère :

```
$ symfony console make:migration
```

Notez le nom du fichier généré (un nom qui ressemble à migrations/Version20191019083640.php) :

*migrations/Version20191019083640.php*
```php
namespace DoctrineMigrations;

use Doctrine\DBAL\Schema\Schema;
use Doctrine\Migrations\AbstractMigration;

final class Version20191019083640 extends AbstractMigration
{
    public function up(Schema $schema) : void
    {
        // this up() migration is auto-generated, please modify it to your
needs
        $this->addSql('CREATE SEQUENCE comment_id_seq INCREMENT BY 1 MINVALUE
1 START 1');
        $this->addSql('CREATE SEQUENCE conference_id_seq INCREMENT BY 1
MINVALUE 1 START 1');
        $this->addSql('CREATE TABLE comment (id INT NOT NULL, conference_id
INT NOT NULL, author VARCHAR(255) NOT NULL, text TEXT NOT NULL, email
VARCHAR(255) NOT NULL, created_at TIMESTAMP(0) WITHOUT TIME ZONE NOT NULL,
photo_filename VARCHAR(255) DEFAULT NULL, PRIMARY KEY(id))');
        $this->addSql('CREATE INDEX IDX_9474526C604B8382 ON comment
(conference_id)');
```

```
        $this->addSql('CREATE TABLE conference (id INT NOT NULL, city
VARCHAR(255) NOT NULL, year VARCHAR(4) NOT NULL, is_international BOOLEAN NOT
NULL, PRIMARY KEY(id))');
        $this->addSql('ALTER TABLE comment ADD CONSTRAINT FK_9474526C604B8382
FOREIGN KEY (conference_id) REFERENCES conference (id) NOT DEFERRABLE
INITIALLY IMMEDIATE');
    }

    public function down(Schema $schema) : void
    {
        // ...
    }
}
```

# 8.8 Mettre à jour la base de données locale

Vous pouvez maintenant exécuter la migration générée pour mettre à jour le schéma de la base de données locale :

```
$ symfony console doctrine:migrations:migrate
```

Le schéma de la base de données locale est à jour à présent, prêt à stocker des données.

# 8.9 Mettre à jour la base de données de production

Les étapes nécessaires à la migration de la base de données de production sont les mêmes que celles que vous connaissez déjà : *commiter* les changements et déployer.

Lors du déploiement du projet, SymfonyCloud met à jour le code, mais exécute également la migration de la base de données si nécessaire (il détecte si la commande `doctrine:migrations:migrate` existe).

**Aller plus loin**

- *Bases de données et Doctrine ORM[2] dans les applications Symfony ;*
- *Tutoriel SymfonyCasts sur Doctrine[3] ;*
- *Travailler avec les associations/relations de Doctrine[4] ;*
- *DoctrineMigrationsBundle docs[5].*

---

2. https://symfony.com/doc/current/doctrine.html
3. https://symfonycasts.com/screencast/symfony-doctrine/install
4. https://symfony.com/doc/current/doctrine/associations.html
5. https://symfony.com/doc/current/bundles/DoctrineMigrationsBundle/index.html

# Étape 9

# Configurer une interface d'administration

L'ajout des prochaines conférences à la base de données est le travail des admins du projet. Une *interface d'administration* est une section protégée du site web où les *admins du projet* peuvent gérer les données du site web, modérer les commentaires, et plus encore.

Comment pouvons-nous le créer aussi rapidement ? En utilisant un *bundle* capable de générer une interface d'administration basée sur la structure du projet. EasyAdmin convient parfaitement.

## 9.1 Configurer EasyAdmin

Tout d'abord, ajoutez EasyAdmin comme dépendance du projet :

```
$ symfony composer req "admin:^2"
```

Pour configurer EasyAdmin, un nouveau fichier de configuration a été généré par sa recette Flex :

*config/packages/easy_admin.yaml*
```
#easy_admin:
#    entities:
#        # List the entity class name you want to manage
```

```
#         - App\Entity\Product
#         - App\Entity\Category
#         - App\Entity\User
```

Presque tous les paquets installés ont une configuration comme celle-ci sous le répertoire **config/packages/**. La plupart du temps, les valeurs par défaut ont été soigneusement choisies pour fonctionner avec la plupart des applications.

Décommentez les deux premières lignes et ajoutez les classes des modèles du projet :

*config/packages/easy_admin.yaml*

```yaml
easy_admin:
    entities:
        - App\Entity\Conference
        - App\Entity\Comment
```

Accédez à l'interface d'administration générée grâce à l'URL **/admin**. Et voilà ! Une interface d'administration agréable et riche en fonctionnalités pour les conférences et les commentaires :

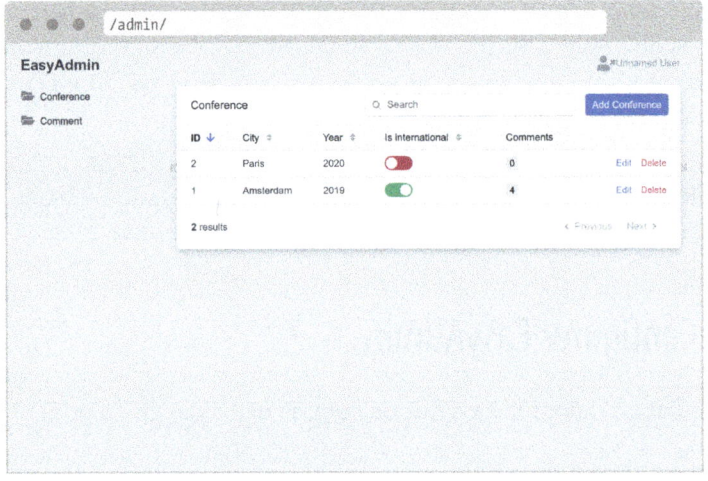

Pourquoi l'interface d'administration est-elle accessible sous /admin ? C'est le préfixe par défaut configuré dans `config/routes/easy_admin.yaml` :

*config/routes/easy_admin.yaml*

```yaml
easy_admin_bundle:
    resource: '@EasyAdminBundle/Controller/EasyAdminController.php'
    prefix: /admin
    type: annotation
```

Vous pouvez le changer par ce que vous voulez.

L'ajout de conférences et de commentaires n'est pas encore possible car vous obtiendriez une erreur : `Object of class App\Entity\Conference could not be converted to string`. EasyAdmin essaie d'afficher la conférence liée aux commentaires, mais il ne peut le faire que si une chaîne de caractères représentant une conférence existe. Corrigez ce problème en ajoutant une méthode `__toString()` à la classe `Conference` :

```diff
--- a/src/Entity/Conference.php
+++ b/src/Entity/Conference.php
@@ -44,6 +44,11 @@ class Conference
         $this->comments = new ArrayCollection();
     }

+    public function __toString(): string
+    {
+        return $this->city.' '.$this->year;
+    }
+
    public function getId(): ?int
    {
        return $this->id;
```

Faites de même pour la classe `Comment` :

```diff
--- a/src/Entity/Comment.php
+++ b/src/Entity/Comment.php
@@ -48,6 +48,11 @@ class Comment
     */
    private $photoFilename;

+    public function __toString(): string
+    {
+        return (string) $this->getEmail();
+    }
+
    public function getId(): ?int
    {
        return $this->id;
```

Vous pouvez maintenant ajouter/modifier/supprimer des conférences directement depuis l'interface d'administration. Jouez avec et ajoutez au moins une conférence.

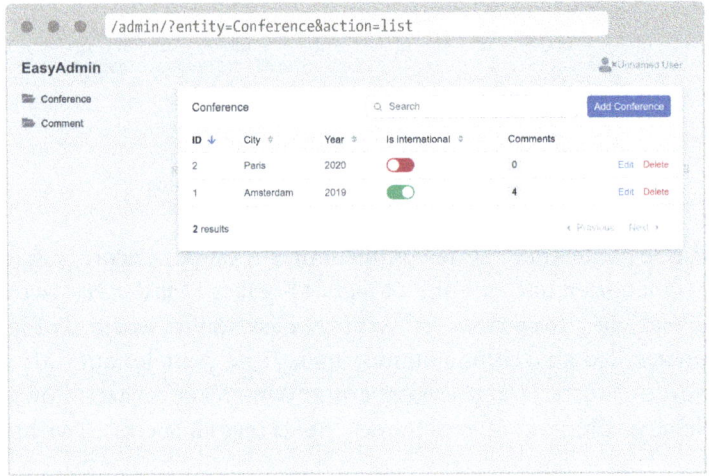

Ajoutez quelques commentaires sans photos. Réglez la date manuellement pour l'instant ; nous remplirons la colonne `createdAt` automatiquement dans une étape ultérieure.

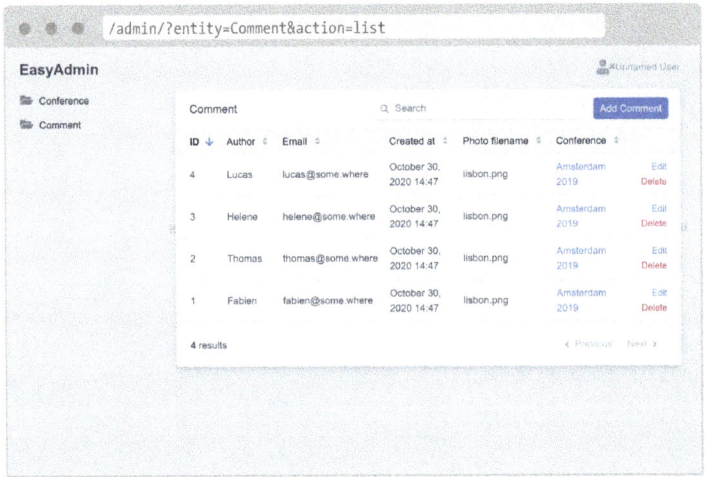

## 9.2 Personnaliser EasyAdmin

L'interface d'administration par défaut fonctionne bien, mais elle peut être personnalisée de plusieurs façons pour améliorer son utilisation. Faisons quelques changements simples pour montrer les possibilités. Remplacez la configuration actuelle par la suivante :

*config/packages/easy_admin.yaml*

```yaml
easy_admin:
    site_name: Conference Guestbook

    design:
        menu:
            - { route: 'homepage', label: 'Back to the website', icon: 'home' }
            - { entity: 'Conference', label: 'Conferences', icon: 'map-marker'
}

            - { entity: 'Comment', label: 'Comments', icon: 'comments' }

    entities:
        Conference:
            class: App\Entity\Conference

        Comment:
            class: App\Entity\Comment
            list:
                fields:
                    - author
                    - { property: 'email', type: 'email' }
                    - { property: 'createdAt', type: 'datetime' }
                sort: ['createdAt', 'ASC']
                filters: ['conference']
            edit:
                fields:
                    - { property: 'conference' }
                    - { property: 'createdAt', type: datetime, type_options: {
disabled: true } }
                    - 'author'
                    - { property: 'email', type: 'email' }
                    - text
```

Nous avons modifié la section `design` pour ajouter des icônes aux éléments de menu et pour ajouter un lien vers la page d'accueil du site web.

Pour la section `Comment`, lister les champs nous permet de les classer dans l'ordre que nous souhaitons. Certains champs sont modifiés, comme passer la date de création en lecture seule. La section `filters` définit les filtres à afficher au-dessus du champ de recherche classique.

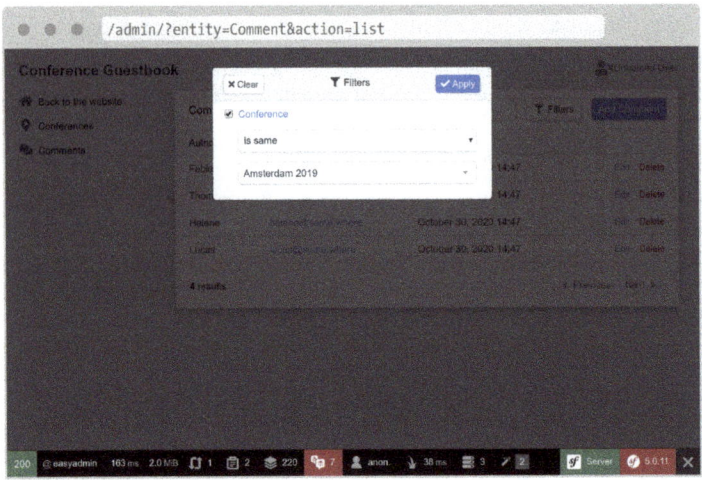

Ces personnalisations ne sont qu'une petite introduction aux possibilités offertes par EasyAdmin.

Jouez avec l'interface d'administration, filtrez les commentaires par conférence, ou recherchez des commentaires par email par exemple. Le seul problème, c'est que n'importe qui peut accéder à cette interface. Ne vous inquiétez pas, nous la sécuriserons dans une prochaine étape.

## Aller plus loin

- *EasyAdmin docs*[1];
- *Tutoriel SymfonyCasts sur EasyAdminBundle*[2] ;
- *Configuration de référence du framework Symfony*[3].

---

1. https://symfony.com/doc/2.x/bundles/EasyAdminBundle/index.html
2. https://symfonycasts.com/screencast/easyadminbundle
3. https://symfony.com/doc/current/reference/configuration/framework.html

# Étape 10
# Construire l'interface

Tout est maintenant en place pour créer la première version de l'interface du site. On ne la fera pas jolie pour le moment, seulement fonctionnelle.

Vous vous souvenez de l'échappement de caractères que nous avons dû faire dans le contrôleur, pour l'"*easter egg*, afin d'éviter les problèmes de sécurité ? Nous n'utiliserons pas PHP pour nos templates pour cette raison. À la place, nous utiliserons Twig. En plus de gérer l'échappement de caractères, *Twig*[1] apporte de nombreuses fonctionnalités intéressantes, comme l'héritage des modèles.

## 10.1 Installer Twig

Nous n'avons pas besoin d'ajouter Twig comme dépendance car il a déjà été installé comme *dépendance transitive* d'EasyAdmin. Mais que se passera-t-il si vous décidez un jour de passer à un autre bundle d'administration ? Un qui utilise une API et un front-end React par exemple ? Il ne dépendra probablement plus de Twig, et Twig sera donc automatiquement supprimé lorsque vous supprimerez EasyAdmin.

Pour faire bonne mesure, disons à Composer que le projet dépend vraiment de Twig, indépendamment d'EasyAdmin. L'ajouter comme n'importe quelle autre dépendance suffit :

---

1. https://twig.symfony.com/

```
$ symfony composer req twig
```

Twig est dorénavant inclus dans les dépendances principales du projet dans le fichier `composer.json` :

```
--- a/composer.json
+++ b/composer.json
@@ -14,6 +14,7 @@
        "symfony/framework-bundle": "4.4.*",
        "symfony/maker-bundle": "^1.0@dev",
        "symfony/orm-pack": "dev-master",
+       "symfony/twig-pack": "^1.0",
        "symfony/yaml": "4.4.*"
    },
    "require-dev": {
```

# 10.2 Utiliser Twig pour les templates

Toutes les pages du site Web suivront le même *modèle* de mise en page, la même structure HTML de base. Lors de l'installation de Twig, un répertoire `templates/` a été créé automatiquement, ainsi qu'un exemple de structure de base dans `base.html.twig`.

*templates/base.html.twig*
```
<!DOCTYPE html>
<html>
    <head>
        <meta charset="UTF-8">
        <title>{% block title %}Welcome!{% endblock %}</title>
        {% block stylesheets %}{% endblock %}
    </head>
    <body>
        {% block body %}{% endblock %}
        {% block javascripts %}{% endblock %}
    </body>
</html>
```

Un modèle peut définir des `blocks`. Un `block` est un emplacement où les *templates enfants*, qui *étendent* le modèle, ajoutent leur contenu.

Créons un template pour la page d'accueil du projet dans `templates/conference/index.html.twig` :

*templates/conference/index.html.twig*
```
{% extends 'base.html.twig' %}

{% block title %}Conference Guestbook{% endblock %}
```

```
{% block body %}
    <h2>Give your feedback!</h2>

    {% for conference in conferences %}
        <h4>{{ conference }}</h4>
    {% endfor %}
{% endblock %}
```

Le template *étend* (ou *extends*) `base.html.twig` et redéfinit les blocs `title` et `body`.

La notation `{% %}` dans un template indique des *actions* et des éléments de *structure*.

La notation `{{ }}` est utilisée pour *afficher* quelque chose. `{{ conference }}` affiche la représentation de la conférence (le résultat de l'appel à la méthode"__toString" de l'objet `Conference`).

# 10.3 Utiliser Twig dans un contrôleur

Mettez à jour le contrôleur pour générer le contenu du template Twig :

```
--- a/src/Controller/ConferenceController.php
+++ b/src/Controller/ConferenceController.php
@@ -2,24 +2,21 @@

 namespace App\Controller;

+use App\Repository\ConferenceRepository;
 use Symfony\Bundle\FrameworkBundle\Controller\AbstractController;
 use Symfony\Component\HttpFoundation\Response;
 use Symfony\Component\Routing\Annotation\Route;
+use Twig\Environment;

 class ConferenceController extends AbstractController
 {
     /**
      * @Route("/", name="homepage")
      */
-    public function index(): Response
+    public function index(Environment $twig, ConferenceRepository
$conferenceRepository): Response
     {
-        return new Response(<<<EOF
-<html>
-    <body>
-        <img src="/images/under-construction.gif" />
-    </body>
-</html>
-EOF
```

```
-        );
+        return new Response($twig->render('conference/index.html.twig', [
+            'conferences' => $conferenceRepository->findAll(),
+        ]));
    }
 }
```

Il se passe beaucoup de choses ici.

Pour pouvoir générer le contenu du template, nous avons besoin de l'objet `Environment` de Twig (le point d'entrée principal de Twig). Notez que nous demandons l'instance Twig en spécifiant son type dans la méthode du contrôleur. Symfony est assez intelligent pour savoir comment injecter le bon objet.

Nous avons également besoin du *repository* des conférences pour récupérer toutes les conférences depuis la base de données.

Dans le code du contrôleur, la méthode `render()` génère le rendu du template et lui passe un tableau de variables. Nous passons la liste des objets `Conference` dans une variable `conferences`.

Un contrôleur est une classe PHP standard. Nous n'avons même pas besoin d'étendre la classe `AbstractController` si nous voulons être explicites sur nos dépendances. Vous pouvez donc supprimer l'héritage (mais ne le faites pas, car nous utiliserons les raccourcis qu'il fournit dans les prochaines étapes).

# 10.4 Créer la page d'une conférence

Chaque conférence devrait avoir une page dédiée à l'affichage de ses commentaires. L'ajout d'une nouvelle page consiste à ajouter un contrôleur, à définir une route et à créer le template correspondant.

Ajoutez une méthode `show()` dans le fichier `src/Controller/ConferenceController.php` :

```
--- a/src/Controller/ConferenceController.php
+++ b/src/Controller/ConferenceController.php
@@ -2,6 +2,8 @@

 namespace App\Controller;

+use App\Entity\Conference;
+use App\Repository\CommentRepository;
 use App\Repository\ConferenceRepository;
 use Symfony\Bundle\FrameworkBundle\Controller\AbstractController;
 use Symfony\Component\HttpFoundation\Response;
```

```
@@ -19,4 +21,15 @@ class ConferenceController extends AbstractController
             'conferences' => $conferenceRepository->findAll(),
         ]));
     }
+
+    /**
+     * @Route("/conference/{id}", name="conference")
+     */
+    public function show(Environment $twig, Conference $conference,
CommentRepository $commentRepository): Response
+    {
+        return new Response($twig->render('conference/show.html.twig', [
+            'conference' => $conference,
+            'comments' => $commentRepository->findBy(['conference' =>
$conference], ['createdAt' => 'DESC']),
+        ]));
+    }
 }
```

Cette méthode a un comportement particulier que nous n'avons pas encore vu. Nous demandons qu'une instance de `Conference` soit injectée dans la méthode. Mais il y en a peut-être beaucoup dans la base de données. Symfony est capable de déterminer celle que vous voulez en se basant sur l'`{id}` passé dans le chemin de la requête (`id` étant la clé primaire de la table `conference` dans la base de données).

La récupération des commentaires associés à la conférence peut se faire via la méthode `findBy()`, qui prend un critère comme premier argument.

La dernière étape consiste à créer le fichier `templates/conference/show.html.twig` :

*templates/conference/show.html.twig*
```twig
{% extends 'base.html.twig' %}

{% block title %}Conference Guestbook - {{ conference }}{% endblock %}

{% block body %}
    <h2>{{ conference }} Conference</h2>

    {% if comments|length > 0 %}
        {% for comment in comments %}
            {% if comment.photofilename %}
                <img src="{{ asset('uploads/photos/' ~ comment.photofilename)
}}" />
            {% endif %}

            <h4>{{ comment.author }}</h4>
            <small>
                {{ comment.createdAt|format_datetime('medium', 'short') }}
            </small>

            <p>{{ comment.text }}</p>
```

```
        {% endfor %}
    {% else %}
        <div>No comments have been posted yet for this conference.</div>
    {% endif %}
{% endblock %}
```

Dans ce template, nous utilisons le symbole | pour appeler les *filtres* Twig. Un filtre transforme une valeur. `comments|length` retourne le nombre de commentaires et `comment.createdAt|format_datetime('medium', 'short')` affiche la date dans un format lisible par l'internaute.

Essayez d'afficher la « première » conférence en naviguant vers `/conference/1`, et constatez l'erreur suivante :

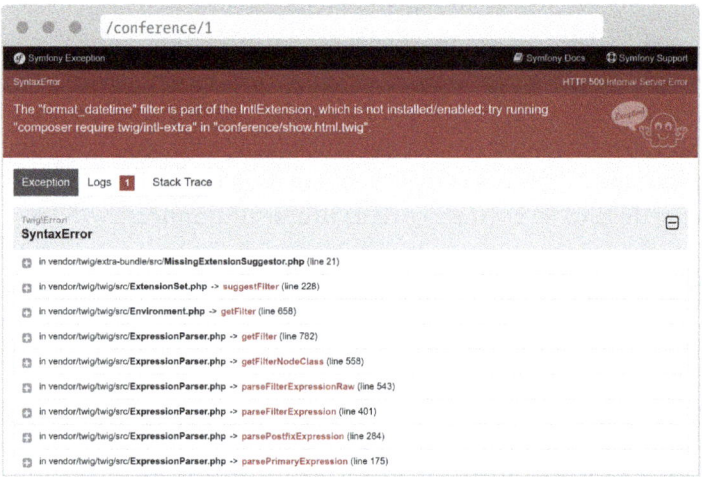

L'erreur vient du filtre `format_datetime`, qui ne fait pas partie du noyau de Twig. Le message d'erreur vous donne un indice sur le paquet à installer pour résoudre le problème :

```
$ symfony composer req "twig/intl-extra:^3"
```

Maintenant la page fonctionne correctement.

# 10.5 Lier des pages entre elles

La toute dernière étape pour terminer notre première version de l'interface est de rendre les pages de la conférence accessibles depuis la page d'accueil :

```
--- a/templates/conference/index.html.twig
+++ b/templates/conference/index.html.twig
@@ -7,5 +7,8 @@
     {% for conference in conferences %}
         <h4>{{ conference }}</h4>
+        <p>
+            <a href="/conference/{{ conference.id }}">View</a>
+        </p>
     {% endfor %}
  {% endblock %}
```

Mais coder un chemin en dur est une mauvaise idée pour plusieurs raisons. La raison principale est que si vous transformez le chemin (de /conference/{id} en /conferences/{id} par exemple), tous les liens doivent être mis à jour manuellement.

Utilisez plutôt la *fonction* Twig path() avec le *nom de la route* :

```
--- a/templates/conference/index.html.twig
+++ b/templates/conference/index.html.twig
@@ -8,7 +8,7 @@
     {% for conference in conferences %}
         <h4>{{ conference }}</h4>
         <p>
-            <a href="/conference/{{ conference.id }}">View</a>
+            <a href="{{ path('conference', { id: conference.id }) }}">View</a>
         </p>
     {% endfor %}
  {% endblock %}
```

La fonction path() génère le chemin d'accès vers une page à l'aide du nom de la route. Les valeurs des paramètres dynamiques de la route sont transmises sous la forme d'un objet Twig.

# 10.6 Paginer les commentaires

Avec des milliers de personnes présentes, on peut s'attendre à un nombre important de commentaires. Si nous les affichons tous sur une seule page, elle deviendra rapidement énorme.

Créez une méthode getCommentPaginator() dans CommentRepository. Cette méthode renvoie un *Paginator* de commentaires basé sur une conférence et un décalage (où commencer) :

```
--- a/src/Repository/CommentRepository.php
```

```
+++ b/src/Repository/CommentRepository.php
@@ -3,8 +3,10 @@
 namespace App\Repository;

 use App\Entity\Comment;
+use App\Entity\Conference;
 use Doctrine\Bundle\DoctrineBundle\Repository\ServiceEntityRepository;
 use Doctrine\Persistence\ManagerRegistry;
+use Doctrine\ORM\Tools\Pagination\Paginator;

 /**
  * @method Comment|null find($id, $lockMode = null, $lockVersion = null)
@@ -14,11 +16,27 @@ use Doctrine\Persistence\ManagerRegistry;
  */
 class CommentRepository extends ServiceEntityRepository
 {
+    public const PAGINATOR_PER_PAGE = 2;
+
     public function __construct(ManagerRegistry $registry)
     {
         parent::__construct($registry, Comment::class);
     }

+    public function getCommentPaginator(Conference $conference, int $offset): Paginator
+    {
+        $query = $this->createQueryBuilder('c')
+            ->andWhere('c.conference = :conference')
+            ->setParameter('conference', $conference)
+            ->orderBy('c.createdAt', 'DESC')
+            ->setMaxResults(self::PAGINATOR_PER_PAGE)
+            ->setFirstResult($offset)
+            ->getQuery()
+        ;
+
+        return new Paginator($query);
+    }
+
     // /**
     //  * @return Comment[] Returns an array of Comment objects
     //  */
```

Nous avons fixé le nombre maximum de commentaires par page à 2 pour
faciliter les tests.

Pour gérer la pagination dans le template, transmettez à Twig le Doctrine
Paginator au lieu de la Doctrine Collection :

```
--- a/src/Controller/ConferenceController.php
+++ b/src/Controller/ConferenceController.php
@@ -6,6 +6,7 @@ use App\Entity\Conference;
 use App\Repository\CommentRepository;
 use App\Repository\ConferenceRepository;
 use Symfony\Bundle\FrameworkBundle\Controller\AbstractController;
+use Symfony\Component\HttpFoundation\Request;
```

```
use Symfony\Component\HttpFoundation\Response;
use Symfony\Component\Routing\Annotation\Route;
use Twig\Environment;
@@ -25,11 +26,16 @@ class ConferenceController extends AbstractController
     /**
      * @Route("/conference/{id}", name="conference")
      */
-    public function show(Environment $twig, Conference $conference,
CommentRepository $commentRepository): Response
+    public function show(Request $request, Environment $twig, Conference
$conference, CommentRepository $commentRepository): Response
     {
+        $offset = max(0, $request->query->getInt('offset', 0));
+        $paginator = $commentRepository->getCommentPaginator($conference,
$offset);
+
         return new Response($twig->render('conference/show.html.twig', [
             'conference' => $conference,
-            'comments' => $commentRepository->findBy(['conference' =>
$conference], ['createdAt' => 'DESC']),
+            'comments' => $paginator,
+            'previous' => $offset - CommentRepository::PAGINATOR_PER_PAGE,
+            'next' => min(count($paginator), $offset +
CommentRepository::PAGINATOR_PER_PAGE),
         ]));
     }
 }
```

Le contrôleur récupère la valeur du décalage (offset) depuis les paramètres de l'URL ($request->query) sous forme d'entier (getInt()). Par défaut, sa valeur sera 0 si le paramètre n'est pas défini.

Les décalages **précédent** et **suivant** sont calculés sur la base de toutes les informations que nous avons reçues du paginateur.

Enfin, mettez à jour le template pour ajouter des liens vers les pages suivantes et précédentes :

```
--- a/templates/conference/show.html.twig
+++ b/templates/conference/show.html.twig
@@ -6,6 +6,8 @@
     <h2>{{ conference }} Conference</h2>

     {% if comments|length > 0 %}
+        <div>There are {{ comments|length }} comments.</div>
+
         {% for comment in comments %}
             {% if comment.photofilename %}
                 <img src="{{ asset('uploads/photos/' ~ comment.photofilename)
}}" />
@@ -18,6 +20,13 @@
                 <p>{{ comment.text }}</p>
         {% endfor %}
```

```
+
+        {% if previous >= 0 %}
+            <a href="{{ path('conference', { id: conference.id, offset:
previous }) }}">Previous</a>
+        {% endif %}
+        {% if next < comments|length %}
+            <a href="{{ path('conference', { id: conference.id, offset: next
}) }}">Next</a>
+        {% endif %}
    {% else %}
        <div>No comments have been posted yet for this conference.</div>
    {% endif %}
```

Vous devriez maintenant pouvoir naviguer dans les commentaires avec
les liens « Previous » et « Next » :

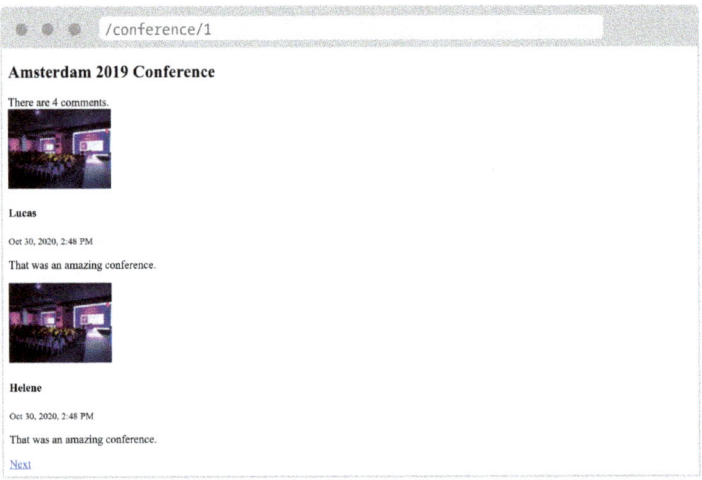

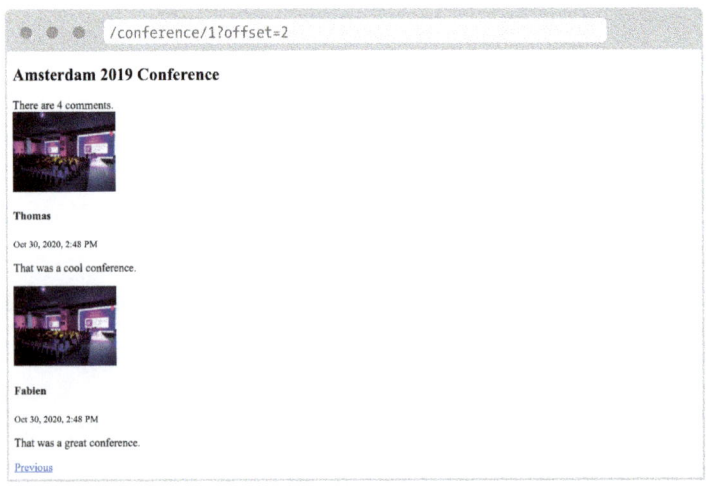

# 10.7 Optimiser le contrôleur

Vous avez peut-être remarqué que les deux méthodes présentes dans `ConferenceController` prennent un environnement Twig comme argument. Au lieu de l'injecter dans chaque méthode, utilisons plutôt une injection dans le constructeur (ce qui rend la liste des arguments plus courte et moins redondante) :

```
--- a/src/Controller/ConferenceController.php
+++ b/src/Controller/ConferenceController.php
@@ -13,12 +13,19 @@ use Twig\Environment;

 class ConferenceController extends AbstractController
 {
+    private $twig;
+
+    public function __construct(Environment $twig)
+    {
+        $this->twig = $twig;
+    }
+
     /**
      * @Route("/", name="homepage")
      */
-    public function index(Environment $twig, ConferenceRepository
$conferenceRepository): Response
+    public function index(ConferenceRepository $conferenceRepository):
Response
     {
-        return new Response($twig->render('conference/index.html.twig', [
+        return new Response($this->twig->render('conference/index.html.twig',
[
             'conferences' => $conferenceRepository->findAll(),
         ]));
     }
@@ -26,12 +33,12 @@ class ConferenceController extends AbstractController
     /**
      * @Route("/conference/{id}", name="conference")
      */
-    public function show(Request $request, Environment $twig, Conference
$conference, CommentRepository $commentRepository): Response
+    public function show(Request $request, Conference $conference,
CommentRepository $commentRepository): Response
     {
         $offset = max(0, $request->query->getInt('offset', 0));
         $paginator = $commentRepository->getCommentPaginator($conference,
$offset);

-        return new Response($twig->render('conference/show.html.twig', [
+        return new Response($this->twig->render('conference/show.html.twig', [
             'conference' => $conference,
             'comments' => $paginator,
             'previous' => $offset - CommentRepository::PAGINATOR_PER_PAGE,
```

**Aller plus loin**

- *Documentation Twig[2]* ;
- *Créer et utiliser des templates[3]* dans les applications Symfony ;
- *Tutoriel SymfonyCasts sur Twig[4]* ;
- *Fonctions et filtres Twig disponibles uniquement dans Symfony[5]* ;
- Le *contrôleur de base AbstractController[6]*.

---

2. https://twig.symfony.com/doc/2.x/
3. https://symfony.com/doc/current/templates.html
4. https://symfonycasts.com/screencast/symfony/twig-recipe
5. https://symfony.com/doc/current/reference/twig_reference.html
6. https://symfony.com/doc/current/controller.html#the-base-controller-classes-services

# Étape 11
# Utiliser des branches

Il existe de nombreuses façons d'organiser le workflow des changements apportés au code d'un projet. Mais travailler directement sur la branche *master* de Git et déployer directement en production sans tester n'est probablement pas la meilleure solution.

Tester ne se résume pas à un test unitaire ou fonctionnel, il s'agit aussi de vérifier le comportement de l'application avec les données de production. Le fait que vous, ou vos *collègues*[1], puissiez utiliser l'application exactement de la même manière que lorsqu'elle sera déployée est un énorme avantage. Cela vous permet de déployer en toute confiance. C'est particulièrement vrai lorsque des personnes non-techniques peuvent valider de nouvelles fonctionnalités.

Par souci de simplicité et pour éviter de nous répéter, nous continuerons à travailler sur la branche *master* de Git dans les prochaines étapes, mais voyons comment nous pourrions améliorer cela.

## 11.1 Adopter un workflow Git

Un workflow possible est de créer une branche par nouvelle fonctionnalité ou correction de bogue. C'est simple et efficace.

---

1. https://en.wikipedia.org/wiki/Project_stakeholder

## 11.2 Décrire votre infrastructure

Vous ne l'avez peut-être pas encore réalisé, mais avoir l'infrastructure stockée dans des fichiers à côté du code aide beaucoup. Docker et SymfonyCloud utilisent des fichiers de configuration pour décrire l'infrastructure du projet. Lorsqu'une nouvelle fonctionnalité nécessite un service supplémentaire, le code change et les changements d'infrastructure font partie du même patch.

## 11.3 Créer des branches

Le workflow commence par la création d'une branche Git :

```
$ git checkout -b sessions-in-redis
```

Cette commande crée une branche `sessions-in-redis` à partir de la branche `master`. Elle « *fork* » le code et la configuration de l'infrastructure.

## 11.4 Stocker les sessions dans Redis

Comme vous l'avez deviné d'après le nom de la branche, nous voulons passer du stockage de session dans le système de fichiers à un stockage Redis.

Les étapes nécessaires pour le faire sont classiques :

1. Créez une branche Git ;

2. Mettez à jour la configuration de Symfony si nécessaire ;

3. Écrivez et/ou mettez à jour le code si nécessaire ;

4. Mettez à jour la configuration PHP (ajoutez l'extension Redis PHP) ;

5. Mettez à jour l'infrastructure sur Docker et SymfonyCloud (ajoutez le service Redis) ;

6. Testez localement ;

7. Testez à distance ;

8. *Mergez* la branche dans master ;

9. Déployez en production ;

10. Supprimez la branche.

Tous les changements nécessaires pour les étapes 2 à 5 peuvent être effectués en un seul patch :

```
--- a/.symfony.cloud.yaml
+++ b/.symfony.cloud.yaml
@@ -4,6 +4,7 @@ type: php:7.4

 runtime:
     extensions:
+        - redis
         - pdo_pgsql
         - apcu
         - mbstring
@@ -24,6 +25,7 @@ disk: 512

 relationships:
     database: "db:postgresql"
+    redis: "rediscache:redis"

 web:
     locations:
--- a/.symfony/services.yaml
+++ b/.symfony/services.yaml
@@ -2,3 +2,6 @@ db:
     type: postgresql:13
     disk: 1024
     size: S
+
+rediscache:
+    type: redis:5.0
--- a/config/packages/framework.yaml
+++ b/config/packages/framework.yaml
@@ -7,7 +7,7 @@ framework:
     # Enables session support. Note that the session will ONLY be started if
you read or write from it.
     # Remove or comment this section to explicitly disable session support.
     session:
-        handler_id: null
+        handler_id: '%env(REDIS_URL)%'
         cookie_secure: auto
         cookie_samesite: lax

--- a/docker-compose.yaml
+++ b/docker-compose.yaml
@@ -8,3 +8,7 @@ services:
             POSTGRES_PASSWORD: main
             POSTGRES_DB: main
         ports: [5432]
+
+    redis:
+        image: redis:5-alpine
+        ports: [6379]
```

N'est-ce pas *magnifique* ?

« Redémarrez » Docker pour démarrer le service Redis :

```
$ docker-compose stop
$ docker-compose up -d
```

Je vous laisse tester localement en naviguant sur le site. Comme il n'y a pas de changement visuel et que nous n'utilisons pas encore les sessions, tout devrait continuer à fonctionner comme avant.

## 11.5 Déployer une branche

Avant le déploiement en production, nous devrions tester la branche sur la même infrastructure que celle de production. Nous devrions également valider que tout fonctionne bien pour l'environnement prod de Symfony (le site local utilise l'environnement dev de Symfony).

Tout d'abord, assurez-vous de commiter vos modifications dans la nouvelle branche :

```
$ git add .
$ git commit -m'Configure redis sessions'
```

Maintenant, créons un *environnement SymfonyCloud* basé sur la *branche Git* :

```
$ symfony env:create
```

Cette commande crée un nouvel environnement comme suit :

- La branche hérite du code et de l'infrastructure de la branche Git actuelle (sessions-in-redis) ;
- Les données proviennent de l'environnement master (c'est-à-dire la production) en prenant un instantané de toutes les données du service, y compris les fichiers (fichiers uploadés par l'internaute par exemple) et les bases de données ;
- Un nouveau cluster dédié est créé pour déployer le code, les données et l'infrastructure.

Comme le déploiement suit les mêmes étapes que le déploiement en production, les migrations de bases de données seront également exécutées. C'est un excellent moyen de valider que les migrations fonctionnent avec les données de production.

Les environnements autres que master sont très similaires à master, à quelques petites différences près : par exemple, les emails ne sont pas envoyés par défaut.

Une fois le déploiement terminé, ouvrez la nouvelle branche dans un navigateur :

```
$ symfony open:remote
```

Notez que toutes les commandes SymfonyCloud fonctionnent sur la branche Git courante. Cela ouvrira l'URL de la branche `sessions-in-redis` déployée. L'URL ressemblera à `https://sessions-in-redis-xxx.eu.s5y.io/`.

Testez le site web sur ce nouvel environnement. Vous devriez voir toutes les données que vous avez créées dans l'environnement `master`.

Si vous ajoutez d'autres conférences sur l'environnement `master`, elles n'apparaîtront pas dans l'environnement `sessions-in-redis` et vice-versa. Les environnements sont indépendants et isolés.

Si le code évolue sur master, vous pouvez toujours *rebaser* la branche Git et déployer la version mise à jour, résolvant ainsi les conflits tant pour le code que pour l'infrastructure.

Vous pouvez même synchroniser les données de master avec l'environnement `sessions-in-redis` :

```
$ symfony env:sync
```

# 11.6 Déboguer les déploiements en production avant de déployer

Par défaut, tous les environnements SymfonyCloud utilisent les mêmes paramètres que l'environnement `master/prod` (c'est à dire l'environnement Symfony `prod`). Cela vous permet de tester l'application dans des conditions réelles. Il vous donne l'impression de développer et de tester directement sur des serveurs de production, mais sans les risques qui y sont associés. Cela me rappelle le bon vieux temps où nous déployions par FTP.

En cas de problème, vous pouvez passer à l'environnement Symfony `dev` :

```
$ symfony env:debug
```

Une fois terminé, revenez aux réglages de production :

```
$ symfony env:debug --off
```

 N'activez **jamais** l'environnement dev et n'activez jamais le Symfony Profiler sur la branche master ; cela rendrait votre application vraiment lente et ouvrirait de nombreuses failles de sécurité graves.

# 11.7 Tester les déploiements en production avant de déployer

L'accès à la prochaine version du site web avec les données de production ouvre de nombreuses opportunités : des tests de régression visuelle aux tests de performance. *Blackfire*[2] est l'outil parfait pour ce travail.

Reportez-vous à l'étape « Performances » pour en savoir plus sur la façon dont vous pouvez utiliser Blackfire pour tester votre code avant de le déployer.

# 11.8 Merger en production

Lorsque vous êtes satisfait des changements de la branche, mergez le code et l'infrastructure dans la branche master de Git :

```
$ git checkout master
$ git merge sessions-in-redis
```

Et déployez :

```
$ symfony deploy
```

Lors du déploiement, seuls le code et les changements d'infrastructure sont poussés vers SymfonyCloud ; les données ne sont en aucun cas affectées.

---

2. https://blackfire.io

## 11.9 Faire le ménage

Enfin, faites le ménage en supprimant la branche Git et l'environnement SymfonyCloud :

```
$ git branch -d sessions-in-redis
$ symfony env:delete --env=sessions-in-redis --no-interaction
```

 **Aller plus loin**

- *Les branches Git*[3] ;
- *Documentation Redis*[4].

---

3. https://www.git-scm.com/book/fr/v2/Les-branches-avec-Git-Les-branches-en-bref
4. https://redis.io/documentation

# Étape 12
# Écouter les événements

Il manque une barre de navigation au layout actuel pour revenir à la page d'accueil ou pour passer d'une conférence à l'autre.

## 12.1 Ajouter un en-tête au site web

Tout ce qui doit être affiché sur toutes les pages web, comme un en-tête, doit faire partie du layout de base principal :

```
--- a/templates/base.html.twig
+++ b/templates/base.html.twig
@@ -6,6 +6,15 @@
        {% block stylesheets %}{% endblock %}
    </head>
    <body>
+        <header>
+            <h1><a href="{{ path('homepage') }}">Guestbook</a></h1>
+            <ul>
+            {% for conference in conferences %}
+                <li><a href="{{ path('conference', { id: conference.id })
}}">{{ conference }}</a></li>
+            {% endfor %}
+            </ul>
+            <hr />
+        </header>
        {% block body %}{% endblock %}
        {% block javascripts %}{% endblock %}
    </body>
```

L'ajout de ce code au layout signifie que tous les templates qui l'étendent doivent définir une variable `conferences`, créée et transmise par leurs contrôleurs.

Comme nous n'avons que deux contrôleurs, vous pouvez faire ce qui suit :

```
--- a/src/Controller/ConferenceController.php
+++ b/src/Controller/ConferenceController.php
@@ -32,9 +32,10 @@ class ConferenceController extends AbstractController
     /**
      * @Route("/conference/{slug}", name="conference")
      */
-    public function show(Conference $conference, CommentRepository
$commentRepository): Response
+    public function show(Conference $conference, CommentRepository
$commentRepository, ConferenceRepository $conferenceRepository): Response
     {
         return new Response($this->twig->render('conference/show.html.twig', [
+            'conferences' => $conferenceRepository->findAll(),
             'conference' => $conference,
             'comments' => $commentRepository->findBy(['conference' =>
$conference], ['createdAt' => 'DESC']),
         ]));
```

Imaginez devoir mettre à jour des dizaines de contrôleurs. Et faire la même chose sur tous les nouveaux. Ce n'est pas très pratique. Il doit y avoir un meilleur moyen.

Twig a la notion de variables globales. Une *variable globale* est disponible dans tous les templates générés. Vous pouvez les définir dans un fichier de configuration, mais cela ne fonctionne que pour les valeurs statiques. Pour ajouter toutes les conférences comme variable globale Twig, nous allons créer un *listener*.

## 12.2 Découvrir les événements Symfony

Symfony intègre un composant Event Dispatcher. Un *dispatcher* répartit certains *événements* à des moments précis que les *listeners* peuvent écouter. Les *listeners* sont des *hooks* dans le cœur du framework.

Par exemple, certains événements vous permettent d'interagir avec le cycle de vie des requêtes HTTP. Pendant le traitement d'une requête, le dispatcher répartit les événements lorsqu'une requête a été créée, lorsqu'un contrôleur est sur le point d'être exécuté, lorsqu'une réponse est prête à être envoyée, ou lorsqu'une exception a été levée. Un listener peut écouter un ou plusieurs événements et exécuter une logique basée sur le contexte de l'événement.

Les événements sont des points d'extension bien définis qui rendent le framework plus générique et extensible. De nombreux composants Symfony tels que Security, Messenger, Workflow ou Mailer les utilisent largement.

Un autre exemple intégré d'événements et de listeners en action est le cycle de vie d'une commande : vous pouvez créer un listener pour exécuter du code avant *n'importe quelle* commande.

Tout paquet ou bundle peut également déclencher ses propres événements pour rendre son code extensible.

Pour éviter d'avoir un fichier de configuration qui décrit les événements qu'un listener veut écouter, créez un subscriber. Un subscriber est un listener avec une méthode statique `getSubscribedEvents()` qui retourne sa configuration. Ceci permet aux subscribers d'être enregistrés automatiquement dans le dispatcher Symfony.

# 12.3 Implémenter un subscriber

Vous connaissez la chanson par cœur maintenant, utilisez le *Maker Bundle* pour générer un subscriber :

```
$ symfony console make:subscriber TwigEventSubscriber
```

La commande vous demande quel événement vous voulez écouter. Choisissez l'événement `Symfony\Component\HttpKernel\Event\ControllerEvent` qui est envoyé juste avant l'appel d'un contrôleur. C'est le meilleur moment pour injecter la variable globale `conferences` afin que Twig y ait accès lorsque le contrôleur générera le template. Mettez votre subscriber à jour comme suit :

```
--- a/src/EventSubscriber/TwigEventSubscriber.php
+++ b/src/EventSubscriber/TwigEventSubscriber.php
@@ -2,14 +2,25 @@

 namespace App\EventSubscriber;

+use App\Repository\ConferenceRepository;
 use Symfony\Component\EventDispatcher\EventSubscriberInterface;
 use Symfony\Component\HttpKernel\Event\ControllerEvent;
+use Twig\Environment;

 class TwigEventSubscriber implements EventSubscriberInterface
 {
+    private $twig;
+    private $conferenceRepository;
+
+    public function __construct(Environment $twig, ConferenceRepository
```

111

```
$conferenceRepository)
+    {
+        $this->twig = $twig;
+        $this->conferenceRepository = $conferenceRepository;
+    }
+
     public function onControllerEvent(ControllerEvent $event)
     {
-        // ...
+        $this->twig->addGlobal('conferences', $this->conferenceRepository-
>findAll());
     }

     public static function getSubscribedEvents()
```

Maintenant, vous pouvez ajouter autant de contrôleurs que vous le souhaitez : la variable `conferences` sera toujours disponible dans Twig.

 Nous parlerons d'une alternative bien plus performante dans une prochaine étape.

# 12.4 Trier les conférences par année et par ville

Le tri de la liste des conférences par année peut faciliter la navigation. Nous pourrions créer notre propre méthode pour récupérer et trier toutes les conférences, mais nous allons plutôt remplacer l'implémentation par défaut de la méthode `findAll()`, afin que le tri s'applique partout :

```
--- a/src/Repository/ConferenceRepository.php
+++ b/src/Repository/ConferenceRepository.php
@@ -19,6 +19,11 @@ class ConferenceRepository extends ServiceEntityRepository
         parent::__construct($registry, Conference::class);
     }

+    public function findAll()
+    {
+        return $this->findBy([], ['year' => 'ASC', 'city' => 'ASC']);
+    }
+
     // /**
     //  * @return Conference[] Returns an array of Conference objects
     //  */
```

À la fin de cette étape, le site web devrait ressembler à ceci :

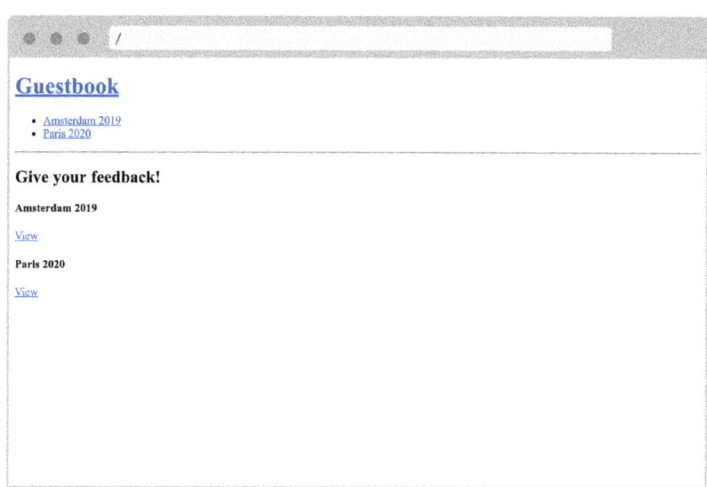

## Aller plus loin

- Le *flux Request-Response*[1] dans les applications Symfony ;
- Les *événements HTTP intégrés à Symfony*[2] ;
- Les *événements de la console intégrés à Symfony*[3].

1. https://symfony.com/doc/current/components/http_kernel.html#the-workflow-of-a-request
2. https://symfony.com/doc/current/reference/events.html
3. https://symfony.com/doc/current/components/console/events.html

# Étape 13
# Gérer le cycle de vie des objets Doctrine

Lors de la création d'un nouveau commentaire, ce serait bien si la date `createdAt` était automatiquement définie à la date et à l'heure courantes.

Doctrine a différentes façons de manipuler les objets et leurs propriétés pendant leur cycle de vie (avant la création de la ligne dans la base de données, après la mise à jour de la ligne, etc.).

## 13.1 Définir des *lifecycle callbacks*

Lorsque le comportement n'a besoin d'aucun service et ne doit être appliqué qu'à un seul type d'entité, définissez un callback dans la classe entité :

```
--- a/src/Entity/Comment.php
+++ b/src/Entity/Comment.php
@@ -7,6 +7,7 @@ use Doctrine\ORM\Mapping as ORM;

 /**
  * @ORM\Entity(repositoryClass=CommentRepository::class)
+ * @ORM\HasLifecycleCallbacks()
  */
 class Comment
 {
@@ -106,6 +107,14 @@ class Comment
```

```
         return $this;
     }

+    /**
+     * @ORM\PrePersist
+     */
+    public function setCreatedAtValue()
+    {
+        $this->createdAt = new \DateTime();
+    }
+
     public function getConference(): ?Conference
     {
         return $this->conference;
```

L'*événement* `@ORM\PrePersist` est déclenché lorsque l'objet est enregistré dans la base de données pour la toute première fois. Lorsque cela se produit, la méthode `setCreatedAtValue()` est appelée et la date et l'heure courantes sont utilisées pour la valeur de la propriété `createdAt`.

# 13.2 Ajouter des *slugs* aux conférences

Les URLs des conférences n'ont pas de sens : `/conference/1`. Plus important encore, ils dépendent d'un détail d'implémentation (la clé primaire de la base de données est révélée).

Pourquoi ne pas plutôt utiliser des URLs telles que `/conference/paris-2020` ? Ce serait plus joli. `paris-2020`, c'est ce que l'on appelle le *slug* de la conférence.

Ajoutez une nouvelle propriété `slug` pour les conférences (une chaîne non nulle de 255 caractères) :

```
$ symfony console make:entity Conference
```

Créez un fichier de migration pour ajouter la nouvelle colonne :

```
$ symfony console make:migration
```

Et exécutez cette nouvelle migration :

```
$ symfony console doctrine:migrations:migrate
```

Vous avez une erreur ? C'était prévu. Pourquoi ? Parce que nous avons demandé que le slug ne soit pas `null`, et que les entrées existantes dans la base de données de la conférence obtiendront une valeur `null` lorsque la migration sera exécutée. Corrigeons cela en ajustant la migration :

```
--- a/migrations/Version00000000000000.php
+++ b/migrations/Version00000000000000.php
@@ -20,7 +20,9 @@ final class Version20200714152808 extends AbstractMigration
     public function up(Schema $schema) : void
     {
         // this up() migration is auto-generated, please modify it to your
needs
-        $this->addSql('ALTER TABLE conference ADD slug VARCHAR(255) NOT
NULL');
+        $this->addSql('ALTER TABLE conference ADD slug VARCHAR(255)');
+        $this->addSql("UPDATE conference SET slug=CONCAT(LOWER(city), '-',
year)");
+        $this->addSql('ALTER TABLE conference ALTER COLUMN slug SET NOT
NULL');
     }

     public function down(Schema $schema) : void
```

L'astuce ici est d'ajouter la colonne et de lui permettre d'être null, puis de définir une valeur non null pour le slug, et enfin, de changer la colonne de slug pour ne plus permettre null.

 Pour un projet réel, l'utilisation de CONCAT(LOWER(city), '-', year) peut ne pas suffire. Nous aurions alors besoin d'utiliser le « vrai » Slugger.

La migration devrait fonctionner maintenant :

```
$ symfony console doctrine:migrations:migrate
```

Étant donné que l'application utilisera bientôt les slugs pour trouver chaque conférence, ajustons l'entité Conference pour s'assurer que les valeurs des slugs soient uniques dans la base de données :

```
--- a/src/Entity/Conference.php
+++ b/src/Entity/Conference.php
@@ -6,9 +6,11 @@ use App\Repository\ConferenceRepository;
 use Doctrine\Common\Collections\ArrayCollection;
 use Doctrine\Common\Collections\Collection;
 use Doctrine\ORM\Mapping as ORM;
+use Symfony\Bridge\Doctrine\Validator\Constraints\UniqueEntity;

 /**
  * @ORM\Entity(repositoryClass=ConferenceRepository::class)
+ * @UniqueEntity("slug")
  */
 class Conference
 {
@@ -40,7 +42,7 @@ class Conference
     private $comments;
```

```
      /**
-      * @ORM\Column(type="string", length=255)
+      * @ORM\Column(type="string", length=255, unique=true)
      */
     private $slug;
```

Comme vous l'aurez deviné, nous devons exécuter la danse de la migration :

```
$ symfony console make:migration
```

```
$ symfony console doctrine:migrations:migrate
```

## 13.3 Générer des slugs

Générer un slug qui se lit bien dans une URL (où tout ce qui n'est pas des caractères ASCII doit être encodé) est une tâche difficile, surtout pour les langues autres que l'anglais. Comment convertir é en e par exemple ?

Au lieu de réinventer la roue, utilisons le composant Symfony `String`, qui facilite la manipulation des chaînes et fournit un slugger :

```
$ symfony composer req string
```

Dans la classe `Conference`, ajoutez une méthode `computeSlug()`, qui calcule le slug en fonction des données de la conférence :

```
--- a/src/Entity/Conference.php
+++ b/src/Entity/Conference.php
@@ -7,6 +7,7 @@ use Doctrine\Common\Collections\ArrayCollection;
 use Doctrine\Common\Collections\Collection;
 use Doctrine\ORM\Mapping as ORM;
 use Symfony\Bridge\Doctrine\Validator\Constraints\UniqueEntity;
+use Symfony\Component\String\Slugger\SluggerInterface;

 /**
  * @ORM\Entity(repositoryClass=ConferenceRepository::class)
@@ -61,6 +62,13 @@ class Conference
         return $this->id;
     }

+    public function computeSlug(SluggerInterface $slugger)
+    {
+        if (!$this->slug || '-' === $this->slug) {
+            $this->slug = (string) $slugger->slug((string) $this)->lower();
+        }
```

```
+    }
+
     public function getCity(): ?string
     {
         return $this->city;
```

La méthode `computeSlug()` ne calcule un slug que lorsque le slug courant est vide ou défini à la valeur spéciale -. Pourquoi avons-nous besoin de cette valeur particulière - ? Parce que lors de l'ajout d'une conférence dans l'interface d'administration, le slug est nécessaire. Nous avons donc besoin d'une valeur non vide qui indique à l'application que nous voulons que le slug soit généré automatiquement.

# 13.4 Définir un *lifecycle callback* complexe

Comme pour la propriété `createdAt`, la propriété `slug` doit être définie automatiquement à chaque fois que la conférence est mise à jour en appelant la méthode `computeSlug()`.

Mais comme cette méthode dépend d'une implémentation de `SluggerInterface`, nous ne pouvons pas ajouter un événement `prePersist` comme avant (nous n'avons pas la possibilité d'injecter le slugger).

Créez plutôt un listener d'entité Doctrine :

*src/EntityListener/ConferenceEntityListener.php*
```php
namespace App\EntityListener;

use App\Entity\Conference;
use Doctrine\ORM\Event\LifecycleEventArgs;
use Symfony\Component\String\Slugger\SluggerInterface;

class ConferenceEntityListener
{
    private $slugger;

    public function __construct(SluggerInterface $slugger)
    {
        $this->slugger = $slugger;
    }

    public function prePersist(Conference $conference, LifecycleEventArgs
$event)
    {
        $conference->computeSlug($this->slugger);
    }

    public function preUpdate(Conference $conference, LifecycleEventArgs
$event)
```

```
    {
        $conference->computeSlug($this->slugger);
    }
}
```

Notez que le slug est modifié lorsqu'une nouvelle conférence est créée (prePersist()) et lorsqu'elle est mise à jour (preUpdate()).

# 13.5 Configurer un service dans le conteneur

Jusqu'à présent, nous n'avons pas parlé d'un élément clé de Symfony, le *conteneur d'injection de dépendance*. Le conteneur est responsable de la gestion des *services* : leur création, et leur injection en cas de besoin.

Un *service* est un objet « global » qui fournit des fonctionnalités (par exemple un *mailer*, un *logger*, un *slugger*, etc.) contrairement aux *objets de données* (par exemple les instances d'entités Doctrine).

Vous interagissez rarement directement avec le conteneur car il injecte automatiquement des objets de service quand vous en avez besoin : par exemple, le conteneur injecte les objets en arguments du contrôleur lorsque vous les typez.

Si vous vous demandez comment le listener d'événement a été initialisé à l'étape précédente, vous avez maintenant la réponse : le conteneur. Lorsqu'une classe implémente des interfaces spécifiques, le conteneur sait que la classe doit être initialisée d'une certaine manière.

Malheureusement, l'automatisation n'est pas prévue pour tout, en particulier pour les paquets tiers. Le listener d'entité que nous venons d'écrire en est un exemple ; il ne peut pas être géré automatiquement par le conteneur de service Symfony car il n'implémente aucune interface et n'étend pas une « classe connue ».

Nous devons déclarer partiellement le listener dans le conteneur. L'injection des dépendances peut être omise car elle peut être devinée par le conteneur, mais nous avons besoin d'ajouter manuellement quelques tags pour lier le listener avec le dispatcher d'événements Doctrine :

```
--- a/config/services.yaml
+++ b/config/services.yaml
@@ -29,3 +29,7 @@ services:

        # add more service definitions when explicit configuration is needed
        # please note that last definitions always *replace* previous ones
+       App\EntityListener\ConferenceEntityListener:
+           tags:
```

```
+               - { name: 'doctrine.orm.entity_listener', event: 'prePersist',
entity: 'App\Entity\Conference'}
+               - { name: 'doctrine.orm.entity_listener', event: 'preUpdate',
entity: 'App\Entity\Conference'}
```

 Ne confondez pas les listeners d'événements Doctrine et ceux de Symfony. Même s'ils se ressemblent beaucoup, ils n'utilisent pas la même infrastructure en interne.

# 13.6 Utiliser des slugs dans l'application

Essayez d'ajouter d'autres conférences dans l'interface d'administration et changez la ville ou l'année d'une conférence existante ; le slug ne sera pas mis à jour sauf si vous utilisez la valeur spéciale -.

La dernière modification consiste à mettre à jour les contrôleurs et les modèles pour utiliser le slug de la conférence pour les routes, au lieu de son id :

```
--- a/src/Controller/ConferenceController.php
+++ b/src/Controller/ConferenceController.php
@@ -31,7 +31,7 @@ class ConferenceController extends AbstractController
     }

     /**
-     * @Route("/conference/{id}", name="conference")
+     * @Route("/conference/{slug}", name="conference")
     */
    public function show(Request $request, Conference $conference,
CommentRepository $commentRepository): Response
     {
--- a/templates/base.html.twig
+++ b/templates/base.html.twig
@@ -10,7 +10,7 @@
             <h1><a href="{{ path('homepage') }}">Guestbook</a></h1>
             <ul>
             {% for conference in conferences %}
-                <li><a href="{{ path('conference', { id: conference.id })
}}">{{ conference }}</a></li>
+                <li><a href="{{ path('conference', { slug: conference.slug })
}}">{{ conference }}</a></li>
             {% endfor %}
             </ul>
             <hr />
--- a/templates/conference/index.html.twig
+++ b/templates/conference/index.html.twig
@@ -8,7 +8,7 @@
     {% for conference in conferences %}
         <h4>{{ conference }}</h4>
```

```
        <p>
-           <a href="{{ path('conference', { id: conference.id }) }}">View</a>
+           <a href="{{ path('conference', { slug: conference.slug })
}}">View</a>
        </p>
    {% endfor %}
 {% endblock %}
--- a/templates/conference/show.html.twig
+++ b/templates/conference/show.html.twig
@@ -22,10 +22,10 @@
        {% endfor %}

        {% if previous >= 0 %}
-           <a href="{{ path('conference', { id: conference.id, offset:
previous }) }}">Previous</a>
+           <a href="{{ path('conference', { slug: conference.slug, offset:
previous }) }}">Previous</a>
        {% endif %}
        {% if next < comments|length %}
-           <a href="{{ path('conference', { id: conference.id, offset: next
}) }}">Next</a>
+           <a href="{{ path('conference', { slug: conference.slug, offset:
next }) }}">Next</a>
        {% endif %}
    {% else %}
        <div>No comments have been posted yet for this conference.</div>
```

L'accès à la page d'une conférence devrait maintenant se faire grâce à son slug :

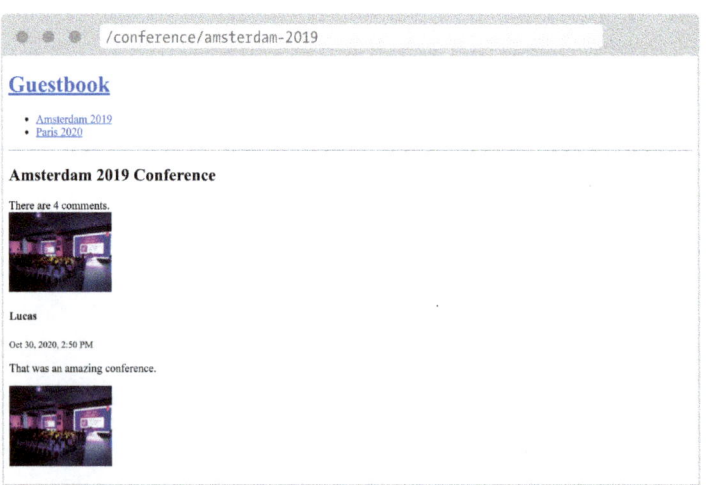

**Aller plus loin**

- Le *système d'événements Doctrine*[1] (*lifecycle callbacks* et *listeners, entity listeners* et *lifecycle subscribers*) ;
- The *String component docs*[2];
- Le *conteneur de services*[3] ;
- La *cheat sheet des services de Symfony*[4].

1. https://symfony.com/doc/current/doctrine/events.html
2. https://symfony.com/doc/current/components/string.html
3. https://symfony.com/doc/current/service_container.html
4. https://github.com/andreia/symfony-cheat-sheets/blob/master/Symfony4/services_en_42.pdf

# Étape 14

# Accepter des commentaires avec les formulaires

Il est temps de permettre aux personnes présentes de donner leur avis sur les conférences. Elles feront part de leurs commentaires au moyen d'un *formulaire HTML*.

## 14.1 Générer un *form type*

Utilisez le *Maker Bundle* pour générer une classe de formulaire :

```
$ symfony console make:form CommentFormType Comment
```

```
created: src/Form/CommentFormType.php
```

```
  Success!
```

```
  Next: Add fields to your form and start using it.
  Find the documentation at https://symfony.com/doc/current/forms.html
```

La classe `App\Form\CommentFormType` définit un formulaire pour l'entité `App\Entity\Comment` :

*src/App/Form/CommentFormType.php*

```
namespace App\Form;

use App\Entity\Comment;
use Symfony\Component\Form\AbstractType;
use Symfony\Component\Form\FormBuilderInterface;
use Symfony\Component\OptionsResolver\OptionsResolver;

class CommentFormType extends AbstractType
{
    public function buildForm(FormBuilderInterface $builder, array $options)
    {
        $builder
            ->add('author')
            ->add('text')
            ->add('email')
            ->add('createdAt')
            ->add('photoFilename')
            ->add('conference')
        ;
    }

    public function configureOptions(OptionsResolver $resolver)
    {
        $resolver->setDefaults([
            'data_class' => Comment::class,
        ]);
    }
}
```

Un *form type*[1] décrit les *champs de formulaire* liés à un modèle. Il effectue
la conversion des données entre les données soumises et les propriétés
de la classe de modèle. Par défaut, Symfony utilise les métadonnées
de l'entité Comment, comme les métadonnées Doctrine, pour deviner la
configuration de chaque champ. Par exemple, le champ text se présente
sous la forme d'un textarea parce qu'il utilise une colonne plus grande
dans la base de données.

## 14.2 Afficher un formulaire

Pour afficher le formulaire, créez-le dans le contrôleur et transmettez-le
au template :

```
--- a/src/Controller/ConferenceController.php
+++ b/src/Controller/ConferenceController.php
@@ -2,7 +2,9 @@

 namespace App\Controller;
```

---

1. https://symfony.com/doc/current/forms.html#form-types

```
+use App\Entity\Comment;
 use App\Entity\Conference;
+use App\Form\CommentFormType;
 use App\Repository\CommentRepository;
 use App\Repository\ConferenceRepository;
 use Symfony\Bundle\FrameworkBundle\Controller\AbstractController;
@@ -35,6 +37,9 @@ class ConferenceController extends AbstractController
     */
    public function show(Request $request, Conference $conference,
CommentRepository $commentRepository): Response
    {
+        $comment = new Comment();
+        $form = $this->createForm(CommentFormType::class, $comment);
+
        $offset = max(0, $request->query->getInt('offset', 0));
        $paginator = $commentRepository->getCommentPaginator($conference,
$offset);

@@ -43,6 +48,7 @@ class ConferenceController extends AbstractController
            'comments' => $paginator,
            'previous' => $offset - CommentRepository::PAGINATOR_PER_PAGE,
            'next' => min(count($paginator), $offset +
CommentRepository::PAGINATOR_PER_PAGE),
+            'comment_form' => $form->createView(),
        ]));
    }
 }
```

Vous ne devriez jamais instancier directement le form type. Utilisez plutôt la méthode createForm(). Cette méthode fait partie d'"AbstractController et facilite la création de formulaires.

Lorsque vous transmettez un formulaire à un template, utilisez createView() pour convertir les données dans un format adapté aux templates.

L'affichage du formulaire dans le template peut se faire via la fonction Twig form :

```
--- a/templates/conference/show.html.twig
+++ b/templates/conference/show.html.twig
@@ -30,4 +30,8 @@
    {% else %}
        <div>No comments have been posted yet for this conference.</div>
    {% endif %}
+
+    <h2>Add your own feedback</h2>
+
+    {{ form(comment_form) }}
 {% endblock %}
```

Lorsque vous rafraîchissez la page d'une conférence dans le navigateur, notez que chaque champ de formulaire affiche la balise HTML appropriée (le type de données est défini à partir du modèle) :

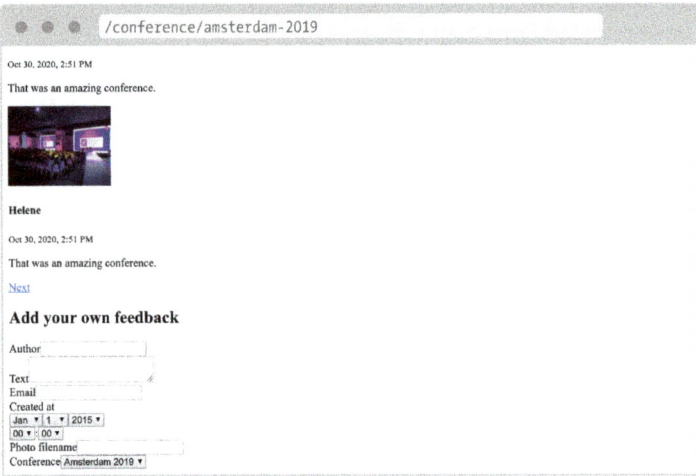

La fonction `form()` génère le formulaire HTML en fonction de toutes les informations définies dans le form type. Elle ajoute également `enctype=multipart/form-data` à la balise `<form>` comme l'exige le champ d'upload de fichier. De plus, elle se charge d'afficher les messages d'erreur lorsque la soumission comporte des erreurs. Tout peut être personnalisé en remplaçant les templates par défaut, mais nous n'en aurons pas besoin pour ce projet.

## 14.3 Personnaliser un form type

Même si les champs de formulaire sont configurés en fonction de leur modèle associé, vous pouvez personnaliser la configuration par défaut directement dans la classe de form type :

```
--- a/src/Form/CommentFormType.php
+++ b/src/Form/CommentFormType.php
@@ -4,20 +4,31 @@ namespace App\Form;

 use App\Entity\Comment;
 use Symfony\Component\Form\AbstractType;
+use Symfony\Component\Form\Extension\Core\Type\EmailType;
+use Symfony\Component\Form\Extension\Core\Type\FileType;
+use Symfony\Component\Form\Extension\Core\Type\SubmitType;
 use Symfony\Component\Form\FormBuilderInterface;
 use Symfony\Component\OptionsResolver\OptionsResolver;
+use Symfony\Component\Validator\Constraints\Image;
```

```
class CommentFormType extends AbstractType
{
    public function buildForm(FormBuilderInterface $builder, array $options)
    {
        $builder
-           ->add('author')
+           ->add('author', null, [
+               'label' => 'Your name',
+           ])
            ->add('text')
-           ->add('email')
-           ->add('createdAt')
-           ->add('photoFilename')
-           ->add('conference')
+           ->add('email', EmailType::class)
+           ->add('photo', FileType::class, [
+               'required' => false,
+               'mapped' => false,
+               'constraints' => [
+                   new Image(['maxSize' => '1024k'])
+               ],
+           ])
+           ->add('submit', SubmitType::class)
        ;
    }
}
```

Notez que nous avons ajouté un bouton submit (qui nous permet de
continuer à utiliser simplement {{ form(comment_form) }} dans le
template).

Certains champs ne peuvent pas être auto-configurés, comme par
exemple photoFilename. L'entité Comment n'a besoin d'enregistrer que le
nom du fichier photo, mais le formulaire doit s'occuper de l'upload
du fichier lui-même. Pour traiter ce cas, nous avons ajouté un champ
appelé photo qui est un champ non mapped : il ne sera associé à aucune
propriété de Comment. Nous le gérerons manuellement pour implémenter
une logique spécifique (comme l'upload de la photo sur le disque).

Comme exemple de personnalisation, nous avons également modifié le
libellé par défaut de certains champs.

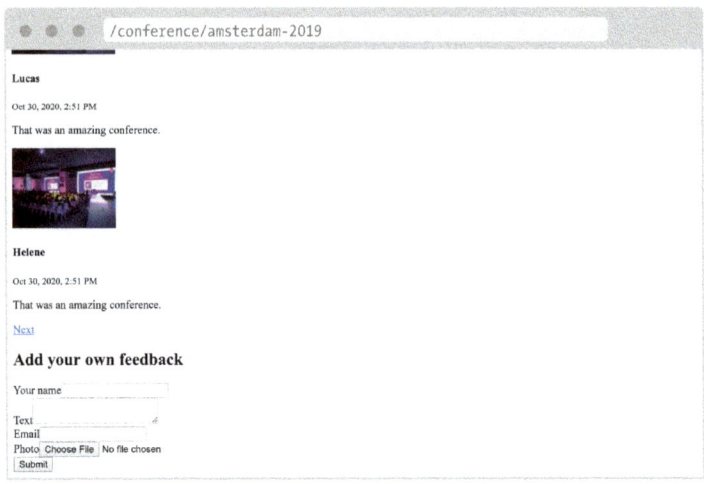

# 14.4 Valider des modèles

Le form type configure le rendu du formulaire (grâce à un peu de validation HTML5). Voici le formulaire HTML généré :

```html
<form name="comment_form" method="post" enctype="multipart/form-data">
    <div id="comment_form">
        <div >
            <label for="comment_form_author" class="required">Your name</label>
            <input type="text" id="comment_form_author"
name="comment_form[author]" required="required" maxlength="255" />
        </div>
        <div >
            <label for="comment_form_text" class="required">Text</label>
            <textarea id="comment_form_text" name="comment_form[text]"
required="required"></textarea>
        </div>
        <div >
            <label for="comment_form_email" class="required">Email</label>
            <input type="email" id="comment_form_email"
name="comment_form[email]" required="required" />
        </div>
        <div >
            <label for="comment_form_photo">Photo</label>
            <input type="file" id="comment_form_photo"
name="comment_form[photo]" />
        </div>
        <div >
            <button type="submit" id="comment_form_submit"
name="comment_form[submit]">Submit</button>
        </div>
        <input type="hidden" id="comment_form__token"
name="comment_form[_token]"
value="DwqsEanxc48jofxsqbGBVLQBqlVJ_Tg4u9-BL1Hjgac" />
    </div>
```

```
</form>
```

Le formulaire utilise le type de champ `email` pour l'email du commentaire et définit la plupart des champs en **required**. Notez qu'il contient également un champ _token caché pour nous protéger des *attaques CSRF*[2].

Mais si la soumission du formulaire contourne la validation HTML (en utilisant un client HTTP comme cURL, qui n'applique pas ces règles de validation), des données invalides peuvent atteindre le serveur.

Nous devons également ajouter certaines contraintes de validation à l'entité `Comment` :

```
--- a/src/Entity/Comment.php
+++ b/src/Entity/Comment.php
@@ -4,6 +4,7 @@ namespace App\Entity;

 use App\Repository\CommentRepository;
 use Doctrine\ORM\Mapping as ORM;
+use Symfony\Component\Validator\Constraints as Assert;

 /**
  * @ORM\Entity(repositoryClass=CommentRepository::class)
@@ -20,16 +21,20 @@ class Comment

     /**
      * @ORM\Column(type="string", length=255)
+     * @Assert\NotBlank
      */
     private $author;

     /**
      * @ORM\Column(type="text")
+     * @Assert\NotBlank
      */
     private $text;

     /**
      * @ORM\Column(type="string", length=255)
+     * @Assert\NotBlank
+     * @Assert\Email
      */
     private $email;
```

# 14.5 Gérer un formulaire

Le code que nous avons écrit jusqu'à présent est suffisant pour afficher le

---

2. https://owasp.org/www-community/attacks/csrf

formulaire.

Nous devrions maintenant nous occuper de la soumission du formulaire et de la persistance de ses informations dans la base de données depuis le contrôleur :

```
--- a/src/Controller/ConferenceController.php
+++ b/src/Controller/ConferenceController.php
@@ -7,6 +7,7 @@ use App\Entity\Conference;
 use App\Form\CommentFormType;
 use App\Repository\CommentRepository;
 use App\Repository\ConferenceRepository;
+use Doctrine\ORM\EntityManagerInterface;
 use Symfony\Bundle\FrameworkBundle\Controller\AbstractController;
 use Symfony\Component\HttpFoundation\Request;
 use Symfony\Component\HttpFoundation\Response;
@@ -16,10 +17,12 @@ use Twig\Environment;
 class ConferenceController extends AbstractController
 {
     private $twig;
+    private $entityManager;

-    public function __construct(Environment $twig)
+    public function __construct(Environment $twig, EntityManagerInterface
$entityManager)
     {
         $this->twig = $twig;
+        $this->entityManager = $entityManager;
     }

     /**
@@ -39,6 +42,15 @@ class ConferenceController extends AbstractController
     {
         $comment = new Comment();
         $form = $this->createForm(CommentFormType::class, $comment);
+        $form->handleRequest($request);
+        if ($form->isSubmitted() && $form->isValid()) {
+            $comment->setConference($conference);
+
+            $this->entityManager->persist($comment);
+            $this->entityManager->flush();
+
+            return $this->redirectToRoute('conference', ['slug' =>
$conference->getSlug()]);
+        }

         $offset = max(0, $request->query->getInt('offset', 0));
         $paginator = $commentRepository->getCommentPaginator($conference,
$offset);
```

Lorsque le formulaire est soumis, l'objet Comment est mis à jour en fonction des données soumises.

La conférence doit être la même que celle de l'URL (nous l'avons supprimée du formulaire).

Si le formulaire n'est pas valide, nous affichons la page, mais le formulaire contiendra maintenant les valeurs soumises et les messages d'erreur afin qu'ils puissent être affichés à l'internaute.

Essayez le formulaire. Il devrait fonctionner correctement et les données devraient être stockées dans la base de données (vérifiez-les dans l'interface d'administration). Il y a cependant un problème : les photos. Elles ne fonctionnent pas puisque nous ne les avons pas encore traitées dans le contrôleur.

# 14.6 Uploader des fichiers

Les photos uploadées doivent être stockées sur le disque local, à un endroit accessible par un navigateur afin que nous puissions les afficher sur la page d'une conférence. Nous les stockerons dans le dossier public/uploads/photos :

```
--- a/src/Controller/ConferenceController.php
+++ b/src/Controller/ConferenceController.php
@@ -9,6 +9,7 @@ use App\Repository\CommentRepository;
 use App\Repository\ConferenceRepository;
 use Doctrine\ORM\EntityManagerInterface;
 use Symfony\Bundle\FrameworkBundle\Controller\AbstractController;
+use Symfony\Component\HttpFoundation\File\Exception\FileException;
 use Symfony\Component\HttpFoundation\Request;
 use Symfony\Component\HttpFoundation\Response;
 use Symfony\Component\Routing\Annotation\Route;
@@ -38,13 +39,22 @@ class ConferenceController extends AbstractController
     /**
      * @Route("/conference/{slug}", name="conference")
      */
-    public function show(Request $request, Conference $conference,
CommentRepository $commentRepository): Response
+    public function show(Request $request, Conference $conference,
CommentRepository $commentRepository, string $photoDir): Response
     {
         $comment = new Comment();
         $form = $this->createForm(CommentFormType::class, $comment);
         $form->handleRequest($request);
         if ($form->isSubmitted() && $form->isValid()) {
             $comment->setConference($conference);
+            if ($photo = $form['photo']->getData()) {
+                $filename = bin2hex(random_bytes(6)).'.'.$photo-
>guessExtension();
+                try {
+                    $photo->move($photoDir, $filename);
+                } catch (FileException $e) {
+                    // unable to upload the photo, give up
+                }
+                $comment->setPhotoFilename($filename);
+            }
```

```
$this->entityManager->persist($comment);
$this->entityManager->flush();
```

Pour gérer les uploads de photos, nous créons un nom aléatoire pour le fichier. Ensuite, nous déplaçons le fichier uploadé à son emplacement final (le répertoire photo). Enfin, nous stockons le nom du fichier dans l'objet Comment.

Remarquez-vous le nouvel argument de la méthode show() ? $photoDir est une chaîne de caractères et non un service. Comment Symfony peut-il savoir quoi injecter ici ? Le conteneur Symfony est capable de stocker des *paramètres* en plus des services. Les paramètres sont des valeurs scalaires qui aident à configurer les services. Ces paramètres peuvent être injectés explicitement dans les services ou être *liés par leur nom* :

```
--- a/config/services.yaml
+++ b/config/services.yaml
@@ -10,6 +10,8 @@ services:
    _defaults:
        autowire: true      # Automatically injects dependencies in your
services.
        autoconfigure: true # Automatically registers your services as
commands, event subscribers, etc.
+       bind:
+           $photoDir: "%kernel.project_dir%/public/uploads/photos"

        # makes classes in src/ available to be used as services
        # this creates a service per class whose id is the fully-qualified class
name
```

Le paramètre bind permet à Symfony d'injecter la valeur à chaque fois qu'un service a un argument $photoDir.

Essayez d'uploader un fichier PDF au lieu d'une photo. Vous devriez voir les messages d'erreur en action. Le design est encore assez laid, mais ne vous inquiétez pas, tout deviendra beau en quelques étapes lorsque nous travaillerons dessus. Pour les formulaires, nous allons changer une ligne de configuration pour styliser tous leurs éléments.

# 14.7 Déboguer des formulaires

Lorsqu'un formulaire est soumis et que quelque chose ne fonctionne pas correctement, utilisez le panneau « Form » du Symfony Profiler. Il vous donne des informations sur le formulaire, toutes ses options, les données soumises et comment elles sont converties en interne. Si le formulaire contient des erreurs, elles seront également répertoriées.

Le workflow classique d'un formulaire est le suivant :

- Le formulaire est affiché sur une page ;
- L'internaute soumet le formulaire via une requête POST ;
- Le serveur redirige l'internaute, soit vers une autre page, soit vers la même page.

Mais comment pouvez-vous accéder au profileur pour une requête de soumission réussie ? Étant donné que la page est immédiatement redirigée, nous ne voyons jamais la barre d'outils de débogage Web pour la requête POST. Pas de problème : sur la page redirigée, survolez la partie verte « 200 » à gauche. Vous devriez voir la redirection « 302 » avec un lien vers le profileur (entre parenthèses).

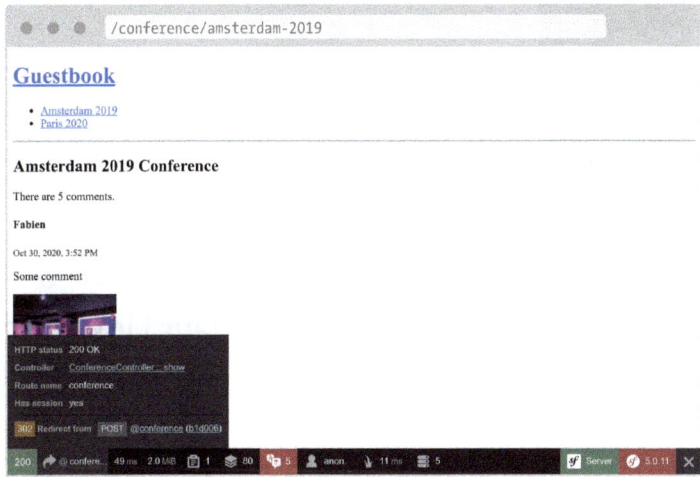

Cliquez dessus pour accéder au profileur de la requête POST, et allez dans le panneau « Form » :

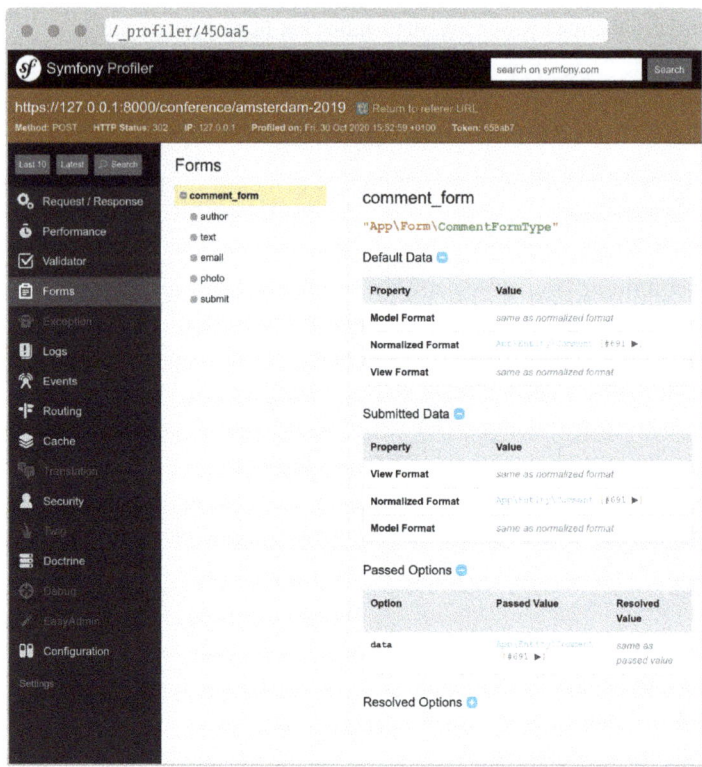

## 14.8 Afficher les photos uploadées dans l'interface d'administration

L'interface d'administration affiche actuellement le nom du fichier photo, mais nous voulons voir la vraie photo :

```
--- a/config/packages/easy_admin.yaml
+++ b/config/packages/easy_admin.yaml
@@ -17,6 +17,7 @@ easy_admin:
                fields:
                    - author
                    - { property: 'email', type: 'email' }
+                   - { property: 'photoFilename', type: 'image',
'base_path': "/uploads/photos", label: 'Photo' }
                    - { property: 'createdAt', type: 'datetime' }
                sort: ['createdAt', 'ASC']
                filters: ['conference']
```

## 14.9 Exclure les photos uploadées de Git

Ne *commitez* pas encore ! Nous ne voulons pas stocker les images uploadées dans le dépôt Git. Ajoutez le dossier /public/uploads au fichier .gitignore :

```
--- a/.gitignore
+++ b/.gitignore
@@ -1,3 +1,4 @@
+/public/uploads

 ###> symfony/framework-bundle ###
 /.env.local
```

## 14.10 Stocker les fichiers uploadés sur les serveurs de production

La dernière étape consiste à stocker les fichiers uploadés sur les serveurs de production. Pourquoi devrions-nous faire quelque chose de spécial ? Parce que la plupart des plates-formes modernes de cloud utilisent des conteneurs en lecture seule pour diverses raisons. SymfonyCloud n'échappe pas à cette règle.

Tout n'est pas en lecture seule dans un projet Symfony. Nous essayons de générer autant de cache que possible lors de la construction du conteneur (pendant la phase de démarrage du cache), mais Symfony doit quand même être capable d'écrire quelque part pour le cache, les logs, les sessions si elles sont stockées dans le système de fichiers, etc.

Jetez un coup d'oeil au fichier .symfony.cloud.yaml, il y a déjà un *montage* accessible en écriture pour le dossier var/. Le dossier var/ est le seul répertoire où Symfony écrit (caches, logs, etc.).

Créez un nouveau montage pour les photos uploadées :

```
--- a/.symfony.cloud.yaml
+++ b/.symfony.cloud.yaml
@@ -38,6 +38,7 @@ web:

 mounts:
     "/var": { source: local, source_path: var }
+    "/public/uploads": { source: local, source_path: uploads }

 hooks:
     build: |
```

Vous pouvez maintenant déployer le code, et les photos seront stockées dans le dossier `public/uploads/` comme pour notre version locale.

 Aller plus loin

- *Tutoriel SymfonyCasts sur les formulaires*[3] ;
- Comment *personnaliser le rendu des formulaires Symfony en HTML*[4] ;
- *Validation des formulaires Symfony*[5] ;
- La *référence des form types Symfony*[6] ;
- La *documentation de FlysystemBundle*[7], qui permet l'intégration avec plusieurs fournisseurs de stockage dans le cloud, tels que AWS S3, Azure et Google Cloud Storage ;
- Les *paramètres de configuration de Symfony*[8].
- Les *contraintes de validation de Symfony*[9] ;
- La *cheat sheet des formulaires Symfony*[10].

3. https://symfonycasts.com/screencast/symfony-forms
4. https://symfony.com/doc/current/form/form_customization.html
5. https://symfony.com/doc/current/forms.html#validating-forms
6. https://symfony.com/doc/current/reference/forms/types.html
7. https://github.com/thephpleague/flysystem-bundle/blob/master/docs/1-getting-started.md
8. https://symfony.com/doc/current/configuration.html#configuration-parameters
9. https://symfony.com/doc/current/validation.html#basic-constraints
10. https://github.com/andreia/symfony-cheat-sheets/blob/master/Symfony2/how_symfony2_forms_works_en.pdf

# Étape 15
# Sécuriser l'interface d'administration

L'interface d'administration ne doit être accessible que par des personnes autorisées. La sécurisation de cette zone du site peut se faire à l'aide du composant Symfony Security.

Comme pour Twig, le composant de sécurité est déjà installé par des dépendances transitives. Ajoutons-le explicitement au fichier composer.json du projet :

```
$ symfony composer req security
```

## 15.1 Définir une entité User

Même si les internautes ne pourront pas créer leur propre compte sur le site, nous allons créer un système d'authentification entièrement fonctionnel pour l'admin. Nous n'aurons donc qu'un seul User, l'admin du site.

La première étape consiste à définir une entité User. Pour éviter toute confusion, nommons-la plutôt Admin.

Pour utiliser l'entité Admin dans le système d'authentification de Symfony, celle-ci doit respecter certaines exigences spécifiques. Par exemple, elle a besoin d'une propriété `password`.

Utilisez la commande dédiée `make:user` pour créer l'entité `Admin` au lieu de la commande traditionnelle `make:entity` :

```
$ symfony console make:user Admin
```

Répondez aux questions qui vous sont posées : nous voulons utiliser Doctrine pour stocker nos users (**yes**), utiliser `username` pour le nom d'affichage unique des admins et chaque admin aura un mot de passe (**yes**).

La classe générée contient des méthodes comme `getRoles()`, `eraseCredentials()` et d'autres qui sont nécessaires au système d'authentification de Symfony.

Si vous voulez ajouter d'autres propriétés à l'entité `Admin`, exécutez `make:entity`.

Ajoutons une méthode `__toString()` comme EasyAdmin les aime :

```
--- a/src/Entity/Admin.php
+++ b/src/Entity/Admin.php
@@ -75,6 +75,11 @@ class Admin implements UserInterface
         return $this;
     }

+    public function __toString(): string
+    {
+        return $this->username;
+    }
+
     /**
      * @see UserInterface
      */
```

En plus de générer l'entité `Admin`, la commande a également mis à jour la configuration de sécurité pour connecter l'entité au système d'authentification :

```
--- a/config/packages/security.yaml
+++ b/config/packages/security.yaml
@@ -1,7 +1,15 @@
 security:
+    encoders:
+        App\Entity\Admin:
+            algorithm: auto
+
     # https://symfony.com/doc/current/security.html#where-do-users-come-from-
user-providers
     providers:
-        in_memory: { memory: null }
+        # used to reload user from session & other features (e.g. switch_user)
```

```
+        app_user_provider:
+            entity:
+                class: App\Entity\Admin
+                property: username
        firewalls:
            dev:
                pattern: ^/(_(profiler|wdt)|css|images|js)/
```

Nous laissons Symfony choisir le meilleur algorithme possible pour encoder les mots de passe (il évoluera avec le temps).

Il est temps de générer une migration et de migrer la base de données :

```
$ symfony console make:migration
$ symfony console doctrine:migrations:migrate -n
```

## 15.2 Générer un mot de passe pour l'admin

Nous ne développerons pas de système dédié pour créer des comptes d'administration. Encore une fois, nous n'aurons qu'un seul admin. Le login sera admin et nous devons encoder le mot de passe.

Choisissez ce que vous voulez comme mot de passe et exécutez la commande suivante pour générer le mot de passe encodé :

```
$ symfony console security:encode-password


Symfony Password Encoder Utility
================================

 Type in your password to be encoded:
 >

 ------------------
------------------------------------------------------------------------------------
  Key                Value
 ------------------
------------------------------------------------------------------------------------
  Encoder used       Symfony\Component\Security\Core\Encoder\MigratingPasswordEncoder
  Encoded password
$argon2id$v=19$m=65536,t=4,p=1$BQG+jovPcunctc3OxG5PxQ$TiGbx451NKdo+g9vLtfkMy4KjASKSOcnNxjij4
 ------------------
------------------------------------------------------------------------------------

 ! [NOTE] Self-salting encoder used: the encoder generated its own built-in salt.


 [OK] Password encoding succeeded
```

## 15.3 Créer un admininistrateur

Insérez l'admin grâce à une requête SQL :

```
$ symfony run psql -c "INSERT INTO admin (id, username, roles, password) \
  VALUES (nextval('admin_id_seq'), 'admin', '[\"ROLE_ADMIN\"]', \

'\$argon2id\$v=19\$m=65536,t=4,p=1\$BQG+jovPcunctc30xG5PxQ\$TiGbx451NKdo+g9vLtfkMy4KjASK
```

Notez l'échappement du caractère $ dans le mot de passe ; échappez tous les caractères qui en ont besoin !

## 15.4 Configurer le système d'authentification

Maintenant que nous avons un admin, nous pouvons sécuriser l'interface d'administration. Symfony accepte plusieurs stratégies d'authentification. Utilisons un classique *système d'authentification par formulaire*.

Exécutez la commande `make:auth` pour mettre à jour la configuration de sécurité, générer un template pour la connexion et créer une classe d'authentification (*authenticator*) :

```
$ symfony console make:auth
```

Sélectionnez 1 pour générer une classe d'authentification pour le formulaire de connexion, nommez la classe d'authentification `AppAuthenticator`, le contrôleur `SecurityController` et créez une URL `/logout` (yes).

La commande a mis à jour la configuration de sécurité pour lier les classes générées :

```
--- a/config/packages/security.yaml
+++ b/config/packages/security.yaml
@@ -16,6 +16,13 @@ security:
            security: false
        main:
            anonymous: lazy
+           guard:
+               authenticators:
+                   - App\Security\AppAuthenticator
+           logout:
+               path: app_logout
+               # where to redirect after logout
+               # target: app_any_route
```

```
        # activate different ways to authenticate
        # https://symfony.com/doc/current/security.html#firewalls-
authentication
```

Comme l'indique la sortie de la commande, nous devons personnaliser la route dans la méthode `onAuthenticationSuccess()` pour rediriger l'admin lorsqu'il a réussi à se connecter :

```
--- a/src/Security/AppAuthenticator.php
+++ b/src/Security/AppAuthenticator.php
@@ -96,8 +96,7 @@ class AppAuthenticator extends
AbstractFormLoginAuthenticator implements Passwor
            return new RedirectResponse($targetPath);
        }

-       // For example : return new RedirectResponse($this->urlGenerator-
>generate('some_route'));
-       throw new \Exception('TODO: provide a valid redirect inside
'.__FILE__);
+       return new RedirectResponse($this->urlGenerator-
>generate('easyadmin'));
    }

    protected function getLoginUrl()
```

Comment puis-je savoir que la route d'EasyAdmin est `easyadmin` ? Je ne peux pas. Mais j'ai lancé la commande suivante qui montre l'association entre les noms de route et les chemins :

```
$ symfony console debug:router
```

# 15.5 Ajouter les règles de contrôle d'accès

Un système de sécurité se compose de deux parties : l'*authentification* et l'*autorisation*. Lors de la création de l'admin, nous lui avons donné le rôle `ROLE_ADMIN`. Limitons la section `/admin` aux seules personnes ayant ce rôle en ajoutant une règle à `access_control` :

```
--- a/config/packages/security.yaml
+++ b/config/packages/security.yaml
@@ -34,5 +34,5 @@ security:
    # Easy way to control access for large sections of your site
    # Note: Only the *first* access control that matches will be used
    access_control:
-       # - { path: ^/admin, roles: ROLE_ADMIN }
+       - { path: ^/admin, roles: ROLE_ADMIN }
```

```
# - { path: ^/profile, roles: ROLE_USER }
```

Les règles `access_control` limitent l'accès par des expressions régulières. Lorsqu'une personne connectée tente d'accéder à une URL qui commence par `/admin`, le système de sécurité vérifie qu'elle a bien le rôle `ROLE_ADMIN`.

## 15.6 S'authentifier avec le formulaire de connexion

Si vous essayez d'accéder à l'interface d'administration, vous devriez maintenant être redirigé vers la page de connexion et être invité à entrer un identifiant et un mot de passe :

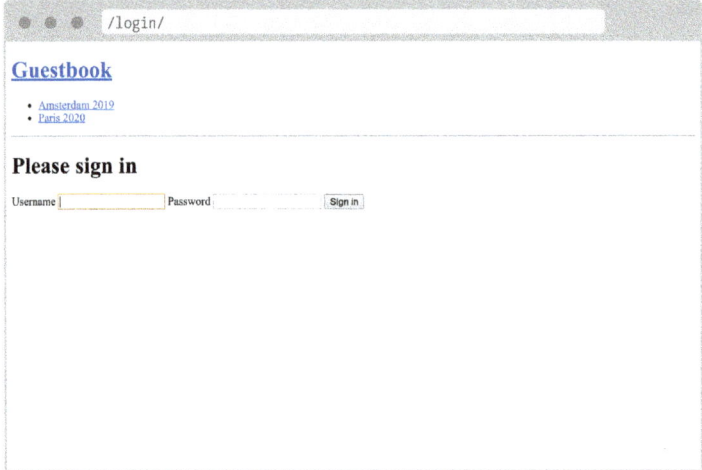

Connectez-vous en utilisant `admin` et le mot de passe que vous avez encodé précédemment. Si vous avez copié exactement ma requête SQL, le mot de passe est `admin`.

Notez qu'EasyAdmin s'intègre automatiquement au système d'authentification de Symfony :

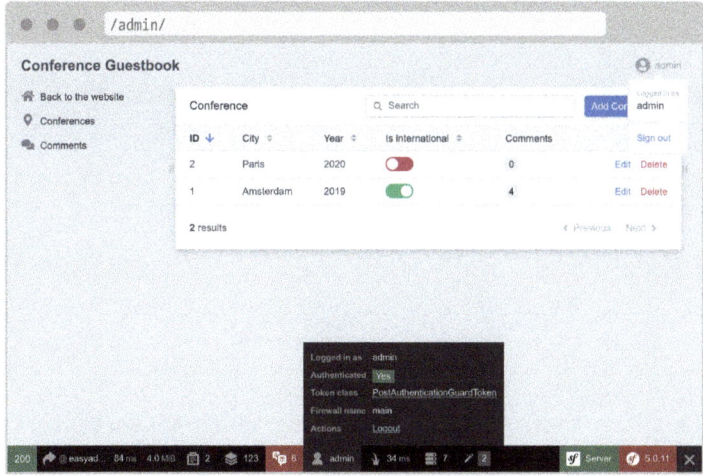

Essayez de cliquer sur le lien « Sign out ». Et voilà ! Nous avons une interface d'administration entièrement sécurisée.

Si vous voulez créer un système complet d'authentification par formulaire, jetez un coup d'œil à la commande `make:registration-form`.

## Aller plus loin

- La *documentation de la sécurité de Symfony*[1] ;
- *Tutoriel SymfonyCasts sur la sécurité*[2] ;
- *Comment créer un formulaire de connexion*[3] dans les applications Symfony ;
- La *cheat sheet de la sécurité dans Symfony*[4].

1. https://symfony.com/doc/current/security.html
2. https://symfonycasts.com/screencast/symfony-security
3. https://symfony.com/doc/current/security/form_login_setup.html
4. https://github.com/andreia/symfony-cheat-sheets/blob/master/Symfony4/security_en_44.pdf

# Empêcher le spam avec une API

N'importe qui peut soumettre un commentaire, même des robots ou des spammeurs. Nous pourrions ajouter un « captcha » au formulaire pour nous protéger des robots, ou nous pouvons utiliser des API tierces.

J'ai décidé d'utiliser le service gratuit *Akismet*[1] pour montrer comment appeler une API et comment faire un appel « vers l'extérieur ».

## 16.1 S'inscrire sur Akismet

Créez un compte gratuit sur *akismet.com*[2] et récupérez la clé de l'API Akismet.

## 16.2 Ajouter une dépendance au composant Symfony HTTPClient

Au lieu d'utiliser une bibliothèque qui abstrait l'API d'Akismet, nous ferons directement tous les appels API. Faire nous-mêmes les appels HTTP est plus efficace (et nous permet de bénéficier de tous les outils de débogage de Symfony comme l'intégration avec le Symfony Profiler).

Pour effectuer des appels à l'API, utilisez le composant Symfony

---

1. https://akismet.com
2. https://akismet.com

HttpClient :

```
$ symfony composer req http-client
```

# 16.3 Concevoir une classe de vérification de spam

Créez une nouvelle classe dans src/ nommée SpamChecker pour contenir
la logique d'appel à l'API d'Akismet et l'interprétation de ses réponses :

*src/SpamChecker.php*
```php
namespace App;

use App\Entity\Comment;
use Symfony\Contracts\HttpClient\HttpClientInterface;

class SpamChecker
{
    private $client;
    private $endpoint;

    public function __construct(HttpClientInterface $client, string
$akismetKey)
    {
        $this->client = $client;
        $this->endpoint = sprintf('https://%s.rest.akismet.com/1.1/comment-
check', $akismetKey);
    }

    /**
     * @return int Spam score: 0: not spam, 1: maybe spam, 2: blatant spam
     *
     * @throws \RuntimeException if the call did not work
     */
    public function getSpamScore(Comment $comment, array $context): int
    {
        $response = $this->client->request('POST', $this->endpoint, [
            'body' => array_merge($context, [
                'blog' => 'https://guestbook.example.com',
                'comment_type' => 'comment',
                'comment_author' => $comment->getAuthor(),
                'comment_author_email' => $comment->getEmail(),
                'comment_content' => $comment->getText(),
                'comment_date_gmt' => $comment->getCreatedAt()->format('c'),
                'blog_lang' => 'en',
                'blog_charset' => 'UTF-8',
                'is_test' => true,
            ]),
        ]);

        $headers = $response->getHeaders();
        if ('discard' === ($headers['x-akismet-pro-tip'][0] ?? '')) {
            return 2;
```

```
            }

        $content = $response->getContent();
        if (isset($headers['x-akismet-debug-help'][0])) {
            throw new \RuntimeException(sprintf('Unable to check for spam: %s
(%s).', $content, $headers['x-akismet-debug-help'][0]));
        }

        return 'true' === $content ? 1 : 0;
    }
}
```

La méthode **request()** du client HTTP soumet une requête POST à
l'URL d'Akismet (**$this->endpoint**) et passe un tableau de paramètres.

La méthode **getSpamScore()** retourne 3 valeurs en fonction de la réponse
de l'appel à l'API :

- **2** : si le commentaire est un « spam flagrant » ;
- **1** : si le commentaire pourrait être du spam ;
- **0** : si le commentaire n'est pas du spam (ham).

 Utilisez l'adresse email spéciale **akismet-guaranteed-
spam@example.com** pour forcer le résultat de l'appel à être du spam.

# 16.4 Utiliser des variables d'environnement

La classe **SpamChecker** utilise un argument **$akismetKey**. Comme pour le
répertoire d'upload, nous pouvons l'injecter grâce au paramètre **bind** du
conteneur :

```
--- a/config/services.yaml
+++ b/config/services.yaml
@@ -12,6 +12,7 @@ services:
        autoconfigure: true # Automatically registers your services as
commands, event subscribers, etc.
        bind:
            $photoDir: "%kernel.project_dir%/public/uploads/photos"
+           $akismetKey: "%env(AKISMET_KEY)%"

    # makes classes in src/ available to be used as services
    # this creates a service per class whose id is the fully-qualified class
name
```

Nous ne voulons certainement pas coder en dur la valeur de la clé d'Akismet dans le fichier de configuration `services.yaml`, nous utilisons donc plutôt une variable d'environnement (`AKISMET_KEY`).

Il appartient alors à chacun de définir une variable d'environnement « réelle » ou d'en stocker la valeur dans un fichier `.env.local` :

*.env.local*
```
AKISMET_KEY=abcdef
```

Pour la production, une variable d'environnement « réelle » doit être définie.

Ça fonctionne bien, mais la gestion de nombreuses variables d'environnement peut devenir lourde. Dans un tel cas, Symfony a une « meilleure » alternative pour le stockage des chaînes secrètes.

## 16.5 Stocker des chaînes secrètes

Au lieu d'utiliser plusieurs variables d'environnement, Symfony peut gérer un *coffre-fort* où vous pouvez stocker plusieurs chaînes secrètes. L'une de ses caractéristiques les plus intéressantes est la possibilité de committer l'espace de stockage dans le dépôt (mais sans la clé pour l'ouvrir). Une autre fonctionnalité intéressante est qu'il peut gérer un coffre-fort par environnement.

Les chaînes secrètes sont des variables d'environnement déguisées.

Ajoutez la clé d'Akismet dans le coffre-fort :

```
$ symfony console secrets:set AKISMET_KEY


 Please type the secret value:
 >

 [OK] Secret "AKISMET_KEY" encrypted in "config/secrets/dev/"; you can commit
 it.
```

Comme c'est la première fois que nous exécutons cette commande, elle a généré deux clés dans le répertoire `config/secret/dev/`. Elle a ensuite stocké la chaîne secrète `AKISMET_KEY` dans ce même répertoire.

Pour les chaînes secrètes de développement, vous pouvez décider de committer l'espace de stockage et les clés qui ont été générées dans le répertoire `config/secret/dev/`.

Les chaînes secrètes peuvent également être écrasées en définissant une variable d'environnement du même nom.

# 16.6 Identifier le spam dans les commentaires

Une façon simple de vérifier la présence de spam lorsqu'un nouveau commentaire est soumis est d'appeler le vérificateur de spam avant de stocker les données dans la base de données :

```
--- a/src/Controller/ConferenceController.php
+++ b/src/Controller/ConferenceController.php
@@ -7,6 +7,7 @@ use App\Entity\Conference;
 use App\Form\CommentFormType;
 use App\Repository\CommentRepository;
 use App\Repository\ConferenceRepository;
+use App\SpamChecker;
 use Doctrine\ORM\EntityManagerInterface;
 use Symfony\Bundle\FrameworkBundle\Controller\AbstractController;
 use Symfony\Component\HttpFoundation\File\Exception\FileException;
@@ -39,7 +40,7 @@ class ConferenceController extends AbstractController
     /**
      * @Route("/conference/{slug}", name="conference")
      */
-    public function show(Request $request, Conference $conference,
CommentRepository $commentRepository, string $photoDir): Response
+    public function show(Request $request, Conference $conference,
CommentRepository $commentRepository, SpamChecker $spamChecker, string
$photoDir): Response
     {
         $comment = new Comment();
         $form = $this->createForm(CommentFormType::class, $comment);
@@ -57,6 +58,17 @@ class ConferenceController extends AbstractController
         }

         $this->entityManager->persist($comment);
+
+        $context = [
+            'user_ip' => $request->getClientIp(),
+            'user_agent' => $request->headers->get('user-agent'),
+            'referrer' => $request->headers->get('referer'),
+            'permalink' => $request->getUri(),
+        ];
+        if (2 === $spamChecker->getSpamScore($comment, $context)) {
+            throw new \RuntimeException('Blatant spam, go away!');
+        }
+
         $this->entityManager->flush();

         return $this->redirectToRoute('conference', ['slug' =>
$conference->getSlug()]);
```

Vérifiez qu'il fonctionne bien.

# 16.7 Gérer les chaînes secrètes en production

En production, SymfonyCloud prend en charge le paramétrage des *variables d'environnement sensibles* :

```
$ symfony var:set --sensitive AKISMET_KEY=abcdef
```

Mais comme nous l'avons vu plus haut, l'utilisation des chaînes secrètes de Symfony pourrait être une meilleure manière de procéder. Pas en termes de sécurité, mais en termes de gestion des chaînes secrètes pour l'équipe du projet. Toutes les chaînes secrètes sont stockées dans le dépôt et la seule variable d'environnement que vous devez gérer pour la production est la clé de déchiffrement. Cela permet à tous les membres de l'équipe d'ajouter des chaînes secrètes en production même s'ils n'ont pas accès aux serveurs de production. L'installation est un peu plus compliquée cependant.

Tout d'abord, créez une paire de clés pour l'utilisation en production :

```
$ APP_ENV=prod symfony console secrets:generate-keys
```

Rajoutez la chaîne secrète d'Akismet dans le coffre-fort en production, mais avec sa valeur de production :

```
$ APP_ENV=prod symfony console secrets:set AKISMET_KEY
```

La dernière étape consiste à envoyer la clé de déchiffrement à SymfonyCloud en définissant une variable sensible :

```
$ symfony var:set --sensitive SYMFONY_DECRYPTION_SECRET=`php -r 'echo
base64_encode(include("config/secrets/prod/prod.decrypt.private.php"));'`
```

Vous pouvez ajouter et commiter tous les fichiers ; la clé de déchiffrement a été ajoutée dans le **.gitignore** automatiquement, donc elle ne sera jamais enregistrée. Pour plus de sécurité, vous pouvez la retirer de votre machine locale puisqu'elle a été déployée :

```
$ rm -f config/secrets/prod/prod.decrypt.private.php
```

## Aller plus loin

- La *documentation du composant HttpClient*[3] ;
- Les *processeurs de variables d'environnement*[4] ;
- La *cheat sheet du HttpClient de Symfony*[5].

---

3. https://symfony.com/doc/current/components/http_client.html
4. https://symfony.com/doc/current/configuration/env_var_processors.html
5. https://github.com/andreia/symfony-cheat-sheets/blob/master/Symfony4/httpclient_en_43.pdf

# Étape 17
# Tester

Comme nous commençons à ajouter de plus en plus de fonctionnalités dans l'application, c'est probablement le bon moment pour parler des tests.

*Fun fact* : j'ai trouvé un bogue en écrivant les tests de ce chapitre.

Symfony s'appuie sur PHPUnit pour les tests unitaires. Installons-le :

```
$ symfony composer req phpunit --dev
```

## 17.1 Écrire des tests unitaires

`SpamChecker` est la première classe pour laquelle nous allons écrire des tests. Générez un test unitaire :

```
$ symfony console make:unit-test SpamCheckerTest
```

Tester le SpamChecker est un défi car nous ne voulons certainement pas utiliser l'API Akismet. Nous allons *mocker* l'API.

Écrivons un premier test pour le cas où l'API renverrai une erreur :

```
--- a/tests/SpamCheckerTest.php
+++ b/tests/SpamCheckerTest.php
@@ -2,12 +2,26 @@
```

```
 namespace App\Tests;

+use App\Entity\Comment;
+use App\SpamChecker;
 use PHPUnit\Framework\TestCase;
+use Symfony\Component\HttpClient\MockHttpClient;
+use Symfony\Component\HttpClient\Response\MockResponse;
+use Symfony\Contracts\HttpClient\ResponseInterface;

 class SpamCheckerTest extends TestCase
 {
-    public function testSomething()
+    public function testSpamScoreWithInvalidRequest()
     {
-        $this->assertTrue(true);
+        $comment = new Comment();
+        $comment->setCreatedAtValue();
+        $context = [];
+
+        $client = new MockHttpClient([new MockResponse('invalid',
['response_headers' => ['x-akismet-debug-help: Invalid key']])]);
+        $checker = new SpamChecker($client, 'abcde');
+
+        $this->expectException(\RuntimeException::class);
+        $this->expectExceptionMessage('Unable to check for spam: invalid
(Invalid key).');
+        $checker->getSpamScore($comment, $context);
     }
 }
```

La classe `MockHttpClient` permet de simuler n'importe quel serveur HTTP. Elle prend un tableau d'instances `MockResponse` contenant le corps et les en-têtes de réponse attendus.

Ensuite, nous appelons la méthode `getSpamScore()` et vérifions qu'une exception est levée via la méthode "expectException()" de PHPUnit.

Lancez les tests pour vérifier qu'ils passent :

```
$ symfony php bin/phpunit
```

Ajoutons des tests pour les cas qui fonctionnent :

```
--- a/tests/SpamCheckerTest.php
+++ b/tests/SpamCheckerTest.php
@@ -24,4 +24,32 @@ class SpamCheckerTest extends TestCase
         $this->expectExceptionMessage('Unable to check for spam: invalid
(Invalid key).');
         $checker->getSpamScore($comment, $context);
     }
+
+    /**
+     * @dataProvider getComments
+     */
```

```
+    public function testSpamScore(int $expectedScore, ResponseInterface
$response, Comment $comment, array $context)
+    {
+        $client = new MockHttpClient([$response]);
+        $checker = new SpamChecker($client, 'abcde');
+
+        $score = $checker->getSpamScore($comment, $context);
+        $this->assertSame($expectedScore, $score);
+    }
+
+    public function getComments(): iterable
+    {
+        $comment = new Comment();
+        $comment->setCreatedAtValue();
+        $context = [];
+
+        $response = new MockResponse('', ['response_headers' => ['x-akismet-
pro-tip: discard']]);
+        yield 'blatant_spam' => [2, $response, $comment, $context];
+
+        $response = new MockResponse('true');
+        yield 'spam' => [1, $response, $comment, $context];
+
+        $response = new MockResponse('false');
+        yield 'ham' => [0, $response, $comment, $context];
+    }
 }
```

Les *data providers* de PHPUnit nous permettent de réutiliser la même logique de test pour plusieurs scénarios.

# 17.2 Écrire des tests fonctionnels pour les contrôleurs

Tester les contrôleurs est un peu différent de tester une classe PHP « ordinaire » car nous voulons les exécuter dans le contexte d'une requête HTTP.

Installez quelques dépendances supplémentaires nécessaires aux tests fonctionnels :

```
$ symfony composer req browser-kit --dev
```

Créez un test fonctionnel pour le contrôleur Conference :

*tests/Controller/ConferenceControllerTest.php*
```
namespace App\Tests\Controller;

use Symfony\Bundle\FrameworkBundle\Test\WebTestCase;

class ConferenceControllerTest extends WebTestCase
```

```
{
    public function testIndex()
    {
        $client = static::createClient();
        $client->request('GET', '/');

        $this->assertResponseIsSuccessful();
        $this->assertSelectorTextContains('h2', 'Give your feedback');
    }
}
```

Ce premier test vérifie que la page d'accueil renvoie une réponse HTTP 200.

La variable $client simule un navigateur. Au lieu de faire des appels HTTP au serveur, il appelle directement l'application Symfony. Cette stratégie présente plusieurs avantages : elle est beaucoup plus rapide que les allers-retours entre le client et le serveur, mais elle permet aussi aux tests d'analyser l'état des services après chaque requête HTTP.

Des assertions telles que assertResponseIsSuccessful sont ajoutées à PHPUnit pour faciliter votre travail. Plusieurs assertions de ce type sont définies par Symfony.

Nous avons utilisé / pour l'URL au lieu de la générer avec le routeur. C'est volontaire, car tester les URLs telles qu'elles seront déployées fait partie de ce que nous voulons tester. Si vous la modifiez, les tests vont échouer pour vous rappeler que vous devriez probablement rediriger l'ancienne URL vers la nouvelle, pour être gentil avec les moteurs de recherche et les sites web qui renvoient vers le vôtre.

Nous aurions pu générer le test grâce au *Maker Bundle* :

```
$ symfony console make:functional-test Controller\\ConferenceController
```

Les tests PHPUnit sont exécutés dans un environnement test dédié. Nous devons définir la chaîne secrète AKISMET_KEY de cet environnement :

```
$ APP_ENV=test symfony console secrets:set AKISMET_KEY
```

Exécutez les nouveaux tests uniquement en passant le chemin vers sa classe :

```
$ symfony php bin/phpunit tests/Controller/ConferenceControllerTest.php
```

 Lorsqu'un test échoue, il peut être utile d'analyser l'objet Response. Accédez-y grâce à `$client->getResponse()` et faites un `echo` pour voir à quoi il ressemble.

# 17.3 Définir des *fixtures* (données de test)

Pour pouvoir tester la liste des commentaires, la pagination et la soumission du formulaire, nous devons remplir la base de données avec quelques données. Nous voulons également que les données soient identiques entre les cycles de tests pour qu'ils réussissent. Les fixtures sont exactement ce dont nous avons besoin.

Installez le composant Doctrine Fixtures :

```
$ symfony composer req orm-fixtures --dev
```

Un nouveau répertoire `src/DataFixtures/` a été créé lors de l'installation, avec une classe d'exemple prête à être personnalisée. Ajoutez deux conférences et un commentaire pour le moment :

```
--- a/src/DataFixtures/AppFixtures.php
+++ b/src/DataFixtures/AppFixtures.php
@@ -2,6 +2,8 @@

 namespace App\DataFixtures;

+use App\Entity\Comment;
+use App\Entity\Conference;
 use Doctrine\Bundle\FixturesBundle\Fixture;
 use Doctrine\Persistence\ObjectManager;

@@ -9,8 +11,24 @@ class AppFixtures extends Fixture
 {
     public function load(ObjectManager $manager)
     {
-        // $product = new Product();
-        // $manager->persist($product);
+        $amsterdam = new Conference();
+        $amsterdam->setCity('Amsterdam');
+        $amsterdam->setYear('2019');
+        $amsterdam->setIsInternational(true);
+        $manager->persist($amsterdam);
+
+        $paris = new Conference();
+        $paris->setCity('Paris');
```

```
+        $paris->setYear('2020');
+        $paris->setIsInternational(false);
+        $manager->persist($paris);
+
+        $comment1 = new Comment();
+        $comment1->setConference($amsterdam);
+        $comment1->setAuthor('Fabien');
+        $comment1->setEmail('fabien@example.com');
+        $comment1->setText('This was a great conference.');
+        $manager->persist($comment1);

         $manager->flush();
     }
```

Lorsque nous chargerons les données de test, toutes les données présentes seront supprimées, y compris celles de l'admin. Pour éviter cela, modifions les fixtures :

```
--- a/src/DataFixtures/AppFixtures.php
+++ b/src/DataFixtures/AppFixtures.php
@@ -2,13 +2,22 @@

 namespace App\DataFixtures;

+use App\Entity\Admin;
 use App\Entity\Comment;
 use App\Entity\Conference;
 use Doctrine\Bundle\FixturesBundle\Fixture;
 use Doctrine\Persistence\ObjectManager;
+use Symfony\Component\Security\Core\Encoder\EncoderFactoryInterface;

 class AppFixtures extends Fixture
 {
+    private $encoderFactory;
+
+    public function __construct(EncoderFactoryInterface $encoderFactory)
+    {
+        $this->encoderFactory = $encoderFactory;
+    }
+
     public function load(ObjectManager $manager)
     {
         $amsterdam = new Conference();
@@ -30,6 +39,12 @@ class AppFixtures extends Fixture
         $comment1->setText('This was a great conference.');
         $manager->persist($comment1);

+        $admin = new Admin();
+        $admin->setRoles(['ROLE_ADMIN']);
+        $admin->setUsername('admin');
+        $admin->setPassword($this->encoderFactory->getEncoder(Admin::class)-
>encodePassword('admin', null));
+        $manager->persist($admin);
+
         $manager->flush();
```

```
        }
    }
```

 Si vous ne vous souvenez pas quel service vous devez utiliser pour une tâche donnée, utilisez le `debug:autowiring` avec un mot-clé :

```
$ symfony console debug:autowiring encoder
```

## 17.4 Charger des données de test

Chargez les données de test dans la base de données. **Prenez conscience** que cette action supprimera *toutes les données* de la base de données (si vous ne le souhaitez pas, continuez à lire).

```
$ symfony console doctrine:fixtures:load
```

## 17.5 Parcourir un site web avec des tests fonctionnels

Comme nous l'avons vu, le client HTTP utilisé dans les tests simule un navigateur, afin que nous puissions parcourir le site comme si nous utilisions un navigateur.

Ajoutez un nouveau test qui clique sur une page de conférence depuis la page d'accueil :

```
--- a/tests/Controller/ConferenceControllerTest.php
+++ b/tests/Controller/ConferenceControllerTest.php
@@ -14,4 +14,19 @@ class ConferenceControllerTest extends WebTestCase
        $this->assertResponseIsSuccessful();
        $this->assertSelectorTextContains('h2', 'Give your feedback');
    }
+
+    public function testConferencePage()
+    {
+        $client = static::createClient();
+        $crawler = $client->request('GET', '/');
+
+        $this->assertCount(2, $crawler->filter('h4'));
+
+        $client->clickLink('View');
+
+        $this->assertPageTitleContains('Amsterdam');
+        $this->assertResponseIsSuccessful();
```

```
+        $this->assertSelectorTextContains('h2', 'Amsterdam 2019');
+        $this->assertSelectorExists('div:contains("There are 1 comments")');
+    }
}
```

Décrivons ce qu'il se passe dans ce test :

- Comme pour le premier test, nous allons sur la page d'accueil ;
- La méthode `request()` retourne une instance de `Crawler` qui aide à trouver des éléments sur la page (comme des liens, des formulaires, ou tout ce que vous pouvez atteindre avec des sélecteurs CSS ou XPath) ;
- Grâce à un sélecteur CSS, nous testons que nous avons bien deux conférences listées sur la page d'accueil ;
- On clique ensuite sur le lien « View » (comme il n'est pas possible de cliquer sur plus d'un lien à la fois, Symfony choisit automatiquement le premier qu'il trouve) ;
- Nous vérifions le titre de la page, la réponse et le `<h2>` de la page pour être sûr d'être sur la bonne page (nous aurions aussi pu vérifier la route correspondante) ;
- Enfin, nous vérifions qu'il y a 1 commentaire sur la page. `div:contains()` n'est pas un sélecteur CSS valide, mais Symfony a quelques ajouts intéressants, empruntés à jQuery.

Au lieu de cliquer sur le texte (i.e. `View`), nous aurions également pu sélectionner le lien grâce à un sélecteur CSS :

```
$client->click($crawler->filter('h4 + p a')->link());
```

Vérifiez que le nouveau test passe :

```
$ symfony php bin/phpunit tests/Controller/ConferenceControllerTest.php
```

# 17.6 Utiliser une base de données de test

Par défaut, les tests sont exécutés dans l'environnement Symfony de `test` tel que défini dans le fichier `phpunit.xml.dist` :

*phpunit.xml.dist*

```
<phpunit>
    <php>
        <server name="APP_ENV" value="test" force="true" />
    </php>
</phpunit>
```

Si vous voulez utiliser une base de données différente pour vos tests, remplacez la variable d'environnement `DATABASE_URL` dans le fichier `.env.test` :

```
--- a/.env.test
+++ b/.env.test
@@ -1,4 +1,5 @@
 # define your env variables for the test env here
+DATABASE_URL=postgres://main:main@127.0.0.1:32773/
 test?sslmode=disable&charset=utf8
 KERNEL_CLASS='App\Kernel'
 APP_SECRET='$ecretf0rt3st'
 SYMFONY_DEPRECATIONS_HELPER=999999
```

Chargez les données de test pour l'environnement/la base de données de test :

```
$ APP_ENV=test symfony console doctrine:fixtures:load
```

Pour le reste de cette étape, nous ne redéfinirons pas la variable d'environnement `DATABASE_URL`. Pour les tests, utiliser la même base de données que celle de l'environnement `dev` présente certains avantages, que nous aborderons dans la section suivante.

# 17.7 Soumettre un formulaire dans un test fonctionnel

Voulez-vous passer au niveau supérieur ? Essayez d'ajouter un nouveau commentaire avec une photo sur une conférence, à partir d'un test, en simulant une soumission de formulaire. Cela semble ambitieux, n'est-ce pas ? Regardez le code nécessaire : pas plus compliqué que ce que nous avons déjà écrit :

```
--- a/tests/Controller/ConferenceControllerTest.php
+++ b/tests/Controller/ConferenceControllerTest.php
@@ -29,4 +29,19 @@ class ConferenceControllerTest extends WebTestCase
         $this->assertSelectorTextContains('h2', 'Amsterdam 2019');
         $this->assertSelectorExists('div:contains("There are 1 comments")');
     }
+
+    public function testCommentSubmission()
```

```
+    {
+        $client = static::createClient();
+        $client->request('GET', '/conference/amsterdam-2019');
+        $client->submitForm('Submit', [
+            'comment_form[author]' => 'Fabien',
+            'comment_form[text]' => 'Some feedback from an automated
functional test',
+            'comment_form[email]' => 'me@automat.ed',
+            'comment_form[photo]' => dirname(__DIR__, 2).'/public/images/
under-construction.gif',
+        ]);
+        $this->assertResponseRedirects();
+        $client->followRedirect();
+        $this->assertSelectorExists('div:contains("There are 2 comments")');
+    }
 }
```

Pour soumettre un formulaire via `submitForm()`, recherchez les noms de champs grâce aux outils de développement du navigateur ou via l'onglet Form du Symfony Profiler. Notez la réutilisation pratique de l'image en construction !

Relancez les tests pour vérifier que tout est bon :

```
$ symfony php bin/phpunit tests/Controller/ConferenceControllerTest.php
```

Un des avantages d'utiliser la base de données « dev » pour les tests est que vous pouvez vérifier le résultat dans un navigateur :

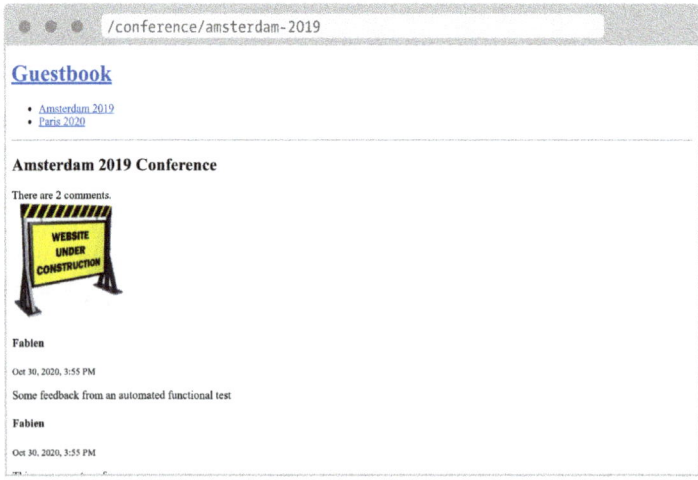

## 17.8 Recharger les données de test

Si vous effectuez les tests une deuxième fois, ils devraient échouer. Comme il y a maintenant plus de commentaires dans la base de données, l'assertion qui vérifie le nombre de commentaires est erronée. Nous devons réinitialiser l'état de la base de données entre chaque exécution, en rechargeant les données de test avant chacune d'elles :

```
$ symfony console doctrine:fixtures:load
$ symfony php bin/phpunit tests/Controller/ConferenceControllerTest.php
```

## 17.9 Automatiser votre workflow avec un Makefile

Il est assez pénible d'avoir à se souvenir d'une séquence de commandes pour exécuter les tests. Cela devrait au moins être documenté, même si cette documentation ne devrait être consultée qu'en dernier recours. Et si on automatisait plutôt les opérations récurrentes ? Cela servirait aussi de documentation rapidement accessible aux autres, et rendrait le développement plus facile et plus productif.

L'utilisation d'un Makefile est une façon d'automatiser les commandes :

*Makefile*
```
SHELL := /bin/bash

tests:
    symfony console doctrine:fixtures:load -n
    symfony php bin/phpunit
.PHONY: tests
```

Notez l'option -n sur la commande Doctrine ; c'est une option standard sur les commandes Symfony qui les rend non interactives.

Chaque fois que vous voulez exécuter les tests, utilisez make tests :

```
$ make tests
```

## 17.10 Réinitialiser la base de données après chaque test

Réinitialiser la base de données après chaque test c'est bien, mais avoir des tests vraiment indépendants c'est encore mieux. Nous ne voulons pas qu'un test s'appuie sur les résultats des précédents. Le changement de l'ordre des tests ne devrait pas changer le résultat. Comme nous allons le découvrir maintenant, ce n'est pas le cas pour le moment.

Déplacez le test `testConferencePage` après `testCommentSubmission` :

```
--- a/tests/Controller/ConferenceControllerTest.php
+++ b/tests/Controller/ConferenceControllerTest.php
@@ -15,21 +15,6 @@ class ConferenceControllerTest extends WebTestCase
         $this->assertSelectorTextContains('h2', 'Give your feedback');
     }

-    public function testConferencePage()
-    {
-        $client = static::createClient();
-        $crawler = $client->request('GET', '/');
-
-        $this->assertCount(2, $crawler->filter('h4'));
-
-        $client->clickLink('View');
-
-        $this->assertPageTitleContains('Amsterdam');
-        $this->assertResponseIsSuccessful();
-        $this->assertSelectorTextContains('h2', 'Amsterdam 2019');
-        $this->assertSelectorExists('div:contains("There are 1 comments")');
-    }
-
     public function testCommentSubmission()
     {
         $client = static::createClient();
@@ -44,4 +29,19 @@ class ConferenceControllerTest extends WebTestCase
         $client->followRedirect();
         $this->assertSelectorExists('div:contains("There are 2 comments")');
     }
+
+    public function testConferencePage()
+    {
+        $client = static::createClient();
+        $crawler = $client->request('GET', '/');
+
+        $this->assertCount(2, $crawler->filter('h4'));
+
+        $client->clickLink('View');
+
+        $this->assertPageTitleContains('Amsterdam');
+        $this->assertResponseIsSuccessful();
+        $this->assertSelectorTextContains('h2', 'Amsterdam 2019');
+        $this->assertSelectorExists('div:contains("There are 1 comments")');
+    }
 }
```

Les tests échouent maintenant.

Pour réinitialiser la base de données entre les tests, installez DoctrineTestBundle :

```
$ symfony composer req "dama/doctrine-test-bundle:^6" --dev
```

Vous devrez confirmer l'application de la recette (car il ne s'agit pas d'un bundle « officiellement » supporté) :

```
Symfony operations: 1 recipe (d7f110145ba9f62430d1ad64d57ab069)
  - WARNING  dama/doctrine-test-bundle (>=4.0): From github.com/symfony/
recipes-contrib:master
    The recipe for this package comes from the "contrib" repository, which is
open to community contributions.
    Review the recipe at https://github.com/symfony/recipes-contrib/tree/
master/dama/doctrine-test-bundle/4.0

    Do you want to execute this recipe?
    [y] Yes
    [n] No
    [a] Yes for all packages, only for the current installation session
    [p] Yes permanently, never ask again for this project
    (defaults to n): p
```

Activez le *listener* de PHPUnit :

```
--- a/phpunit.xml.dist
+++ b/phpunit.xml.dist
@@ -27,6 +27,10 @@
        </whitelist>
    </filter>

+    <extensions>
+        <extension class="DAMA\DoctrineTestBundle\PHPUnit\PHPUnitExtension" />
+    </extensions>
+
    <listeners>
        <listener class="Symfony\Bridge\PhpUnit\SymfonyTestsListener" />
    </listeners>
```

Et voilà. Toute modification apportée pendant les tests est automatiquement annulée à la fin de chaque test.

Les tests devraient passer à nouveau :

```
$ make tests
```

# 17.11 Utiliser un vrai navigateur pour les tests fonctionnels

Les tests fonctionnels utilisent un navigateur spécial qui appelle directement la couche Symfony. Mais vous pouvez aussi utiliser un vrai navigateur et la vraie couche HTTP grâce à Symfony Panther :

```
$ symfony composer req panther --dev
```

Vous pouvez ensuite écrire des tests qui utilisent un vrai navigateur
Google Chrome avec les modifications suivantes :

```
--- a/tests/Controller/ConferenceControllerTest.php
+++ b/tests/Controller/ConferenceControllerTest.php
@@ -2,13 +2,13 @@

 namespace App\Tests\Controller;

-use Symfony\Bundle\FrameworkBundle\Test\WebTestCase;
+use Symfony\Component\Panther\PantherTestCase;

-class ConferenceControllerTest extends WebTestCase
+class ConferenceControllerTest extends PantherTestCase
 {
     public function testIndex()
     {
-        $client = static::createClient();
+        $client = static::createPantherClient(['external_base_uri' =>
$_SERVER['SYMFONY_PROJECT_DEFAULT_ROUTE_URL']]);
         $client->request('GET', '/');

         $this->assertResponseIsSuccessful();
```

La variable d'environnement `SYMFONY_PROJECT_DEFAULT_ROUTE_URL`
contient l'URL du serveur web local.

# 17.12 Exécuter des tests fonctionnels de boîte noire avec Blackfire

Une autre façon d'effectuer des tests fonctionnels est d'utiliser le *lecteur
Blackfire*[1]. En plus de ce que vous pouvez faire avec les tests fonctionnels,
il peut également effectuer des tests de performance.

Reportez-vous à l'étape « Performance » pour en savoir plus.

---

1. https://blackfire.io/player

## Aller plus loin

- *Liste des assertions définies par Symfony*[2] pour les tests fonctionnels ;
- *Documentation de PHPUnit*[3] ;
- La *bibliothèque Faker*[4] pour générer des données réalistes dans les fixtures ;
- La *documentation du composant CssSelector*[5] ;
- La bibliothèque *Symfony Panther*[6] pour les tests de navigateurs et le parcours de site web dans les applications Symfony ;
- La *documentation de Make/Makefile*[7].

2. https://symfony.com/doc/current/testing/functional_tests_assertions.html
3. https://phpunit.de/documentation.html
4. https://github.com/fzaninotto/Faker
5. https://symfony.com/doc/current/components/css_selector.html
6. https://github.com/symfony/panther
7. https://www.gnu.org/software/make/manual/make.html

# Étape 18
# Faire de l'asynchrone

Vérifier la présence de spam pendant le traitement de la soumission du formulaire peut entraîner certains problèmes. Si l'API d'Akismet devient lente, notre site web sera également lent pour les internautes. Mais pire encore, si nous atteignons le délai d'attente maximal ou si l'API d'Akismet n'est pas disponible, nous pourrions perdre des commentaires.

Idéalement, nous devrions stocker les données soumises, sans les publier, et renvoyer une réponse immédiatement. La vérification du spam pourra être faite par la suite.

## 18.1 Marquer les commentaires

Nous avons besoin d'introduire un état (state) pour les commentaires : submitted, spam et published.

Ajoutez la propriété state à la classe Comment :

```
$ symfony console make:entity Comment
```

Créez une migration de base de données :

```
$ symfony console make:migration
```

Modifiez la migration pour mettre à jour tous les commentaires existants comme étant published par défaut :

```diff
--- a/migrations/Version00000000000000.php
+++ b/migrations/Version00000000000000.php
@@ -20,7 +20,9 @@ final class Version20200714155905 extends AbstractMigration
     public function up(Schema $schema) : void
     {
         // this up() migration is auto-generated, please modify it to your
needs
-        $this->addSql('ALTER TABLE comment ADD state VARCHAR(255) NOT NULL');
+        $this->addSql('ALTER TABLE comment ADD state VARCHAR(255)');
+        $this->addSql("UPDATE comment SET state='published'");
+        $this->addSql('ALTER TABLE comment ALTER COLUMN state SET NOT NULL');
     }

     public function down(Schema $schema) : void
```

Migrez la base de données :

```
$ symfony console doctrine:migrations:migrate
```

Nous devrions également nous assurer que, par défaut, le paramètre
**state** est initialisé avec la valeur **submitted** :

```diff
--- a/src/Entity/Comment.php
+++ b/src/Entity/Comment.php
@@ -55,9 +55,9 @@ class Comment
     private $photoFilename;

     /**
-     * @ORM\Column(type="string", length=255)
+     * @ORM\Column(type="string", length=255, options={"default":
"submitted"})
     */
-    private $state;
+    private $state = 'submitted';

     public function __toString(): string
     {
```

Modifiez la configuration d'EasyAdmin pour voir l'état du commentaire
:

```diff
--- a/config/packages/easy_admin.yaml
+++ b/config/packages/easy_admin.yaml
@@ -18,6 +18,7 @@ easy_admin:
                 - author
                 - { property: 'email', type: 'email' }
                 - { property: 'photoFilename', type: 'image',
'base_path': "/uploads/photos", label: 'Photo' }
+                - state
                 - { property: 'createdAt', type: 'datetime' }
             sort: ['createdAt', 'ASC']
             filters: ['conference']
```

```
@@ -26,5 +27,6 @@ easy_admin:
                        - { property: 'conference' }
                        - { property: 'createdAt', type: datetime, type_options:
{ disabled: true } }
                        - 'author'
+                       - { property: 'state' }
                        - { property: 'email', type: 'email' }
                        - text
```

N'oubliez pas de modifier les tests en renseignant le **state** dans les fixtures :

```
--- a/src/DataFixtures/AppFixtures.php
+++ b/src/DataFixtures/AppFixtures.php
@@ -37,8 +37,16 @@ class AppFixtures extends Fixture
        $comment1->setAuthor('Fabien');
        $comment1->setEmail('fabien@example.com');
        $comment1->setText('This was a great conference.');
+       $comment1->setState('published');
        $manager->persist($comment1);

+       $comment2 = new Comment();
+       $comment2->setConference($amsterdam);
+       $comment2->setAuthor('Lucas');
+       $comment2->setEmail('lucas@example.com');
+       $comment2->setText('I think this one is going to be moderated.');
+       $manager->persist($comment2);
+
        $admin = new Admin();
        $admin->setRoles(['ROLE_ADMIN']);
        $admin->setUsername('admin');
```

Pour les tests du contrôleur, simulez la validation :

```
--- a/tests/Controller/ConferenceControllerTest.php
+++ b/tests/Controller/ConferenceControllerTest.php
@@ -2,6 +2,8 @@

 namespace App\Tests\Controller;

+use App\Repository\CommentRepository;
+use Doctrine\ORM\EntityManagerInterface;
 use Symfony\Bundle\FrameworkBundle\Test\WebTestCase;

 class ConferenceControllerTest extends WebTestCase
@@ -22,10 +24,16 @@ class ConferenceControllerTest extends WebTestCase
        $client->submitForm('Submit', [
            'comment_form[author]' => 'Fabien',
            'comment_form[text]' => 'Some feedback from an automated
functional test',
-           'comment_form[email]' => 'me@automat.ed',
+           'comment_form[email]' => $email = 'me@automat.ed',
            'comment_form[photo]' => dirname(__DIR__, 2).'/public/images/
under-construction.gif',
```

```
    ]);
    $this->assertResponseRedirects();
+
+       // simulate comment validation
+       $comment = self::$container->get(CommentRepository::class)-
>findOneByEmail($email);
+       $comment->setState('published');
+       self::$container->get(EntityManagerInterface::class)->flush();
+
    $client->followRedirect();
    $this->assertSelectorExists('div:contains("There are 2 comments")');
    }
```

À partir d'un test PHPUnit, vous pouvez obtenir n'importe quel service depuis le conteneur grâce à `self::$container->get()` ; il donne également accès aux services non publics.

# 18.2 Comprendre Messenger

La gestion du code asynchrone avec Symfony est faite par le composant Messenger :

```
$ symfony composer req messenger
```

Lorsqu'une action doit être exécutée de manière asynchrone, envoyez un *message* à un *messenger bus*. Le bus stocke le message dans une *file d'attente* et rend immédiatement la main pour permettre au flux des opérations de reprendre aussi vite que possible.

Un *consumer* s'exécute continuellement en arrière-plan pour lire les nouveaux messages dans la file d'attente et exécuter la logique associée. Le consumer peut s'exécuter sur le même serveur que l'application web, ou sur un serveur séparé.

C'est très similaire à la façon dont les requêtes HTTP sont traitées, sauf que nous n'avons pas de réponse.

# 18.3 Coder un gestionnaire de messages

Un message est une classe de données (*data object*), qui ne doit contenir aucune logique. Il sera sérialisé pour être stocké dans une file d'attente, donc ne stockez que des données « simples » et sérialisables.

Créez la classe `CommentMessage` :

```php
namespace App\Message;

class CommentMessage
{
    private $id;
    private $context;

    public function __construct(int $id, array $context = [])
    {
        $this->id = $id;
        $this->context = $context;
    }

    public function getId(): int
    {
        return $this->id;
    }

    public function getContext(): array
    {
        return $this->context;
    }
}
```

Dans le monde de Messenger, nous n'avons pas de contrôleurs, mais des gestionnaires de messages.

Sous un nouveau namespace `App\MessageHandler`, créez une classe `CommentMessageHandler` qui saura comment gérer les messages `CommentMessage` :

```php
namespace App\MessageHandler;

use App\Message\CommentMessage;
use App\Repository\CommentRepository;
use App\SpamChecker;
use Doctrine\ORM\EntityManagerInterface;
use Symfony\Component\Messenger\Handler\MessageHandlerInterface;

class CommentMessageHandler implements MessageHandlerInterface
{
    private $spamChecker;
    private $entityManager;
    private $commentRepository;

    public function __construct(EntityManagerInterface $entityManager,
SpamChecker $spamChecker, CommentRepository $commentRepository)
    {
        $this->entityManager = $entityManager;
        $this->spamChecker = $spamChecker;
        $this->commentRepository = $commentRepository;
    }
```

```php
    public function __invoke(CommentMessage $message)
    {
        $comment = $this->commentRepository->find($message->getId());
        if (!$comment) {
            return;
        }

        if (2 === $this->spamChecker->getSpamScore($comment,
$message->getContext())) {
            $comment->setState('spam');
        } else {
            $comment->setState('published');
        }

        $this->entityManager->flush();
    }
}
```

MessageHandlerInterface est une interface de *marqueur*. Elle aide
seulement Symfony à enregistrer et à configurer automatiquement la
classe en tant que gestionnaire Messenger. Par convention, la logique
d'un gestionnaire réside dans une méthode appelée __invoke(). Le type
CommentMessage précisé en tant qu'argument unique de cette méthode
indique à Messenger quelle classe elle va gérer.

Modifiez le contrôleur pour utiliser le nouveau système :

```diff
--- a/src/Controller/ConferenceController.php
+++ b/src/Controller/ConferenceController.php
@@ -5,14 +5,15 @@ namespace App\Controller;
 use App\Entity\Comment;
 use App\Entity\Conference;
 use App\Form\CommentFormType;
+use App\Message\CommentMessage;
 use App\Repository\CommentRepository;
 use App\Repository\ConferenceRepository;
-use App\SpamChecker;
 use Doctrine\ORM\EntityManagerInterface;
 use Symfony\Bundle\FrameworkBundle\Controller\AbstractController;
 use Symfony\Component\HttpFoundation\File\Exception\FileException;
 use Symfony\Component\HttpFoundation\Request;
 use Symfony\Component\HttpFoundation\Response;
+use Symfony\Component\Messenger\MessageBusInterface;
 use Symfony\Component\Routing\Annotation\Route;
 use Twig\Environment;

@@ -20,11 +21,13 @@ class ConferenceController extends AbstractController
 {
     private $twig;
     private $entityManager;
+    private $bus;

-    public function __construct(Environment $twig, EntityManagerInterface
$entityManager)
```

```
+    public function __construct(Environment $twig, EntityManagerInterface
$entityManager, MessageBusInterface $bus)
    {
        $this->twig = $twig;
        $this->entityManager = $entityManager;
+        $this->bus = $bus;
    }

    /**
@@ -40,7 +43,7 @@ class ConferenceController extends AbstractController
    /**
     * @Route("/conference/{slug}", name="conference")
     */
-    public function show(Request $request, Conference $conference,
CommentRepository $commentRepository, SpamChecker $spamChecker, string
$photoDir): Response
+    public function show(Request $request, Conference $conference,
CommentRepository $commentRepository, string $photoDir): Response
    {
        $comment = new Comment();
        $form = $this->createForm(CommentFormType::class, $comment);
@@ -58,6 +61,7 @@ class ConferenceController extends AbstractController
            }

            $this->entityManager->persist($comment);
+            $this->entityManager->flush();

            $context = [
                'user_ip' => $request->getClientIp(),
@@ -65,11 +69,8 @@ class ConferenceController extends AbstractController
                'referrer' => $request->headers->get('referer'),
                'permalink' => $request->getUri(),
            ];
-            if (2 === $spamChecker->getSpamScore($comment, $context)) {
-                throw new \RuntimeException('Blatant spam, go away!');
-            }

-            $this->entityManager->flush();
+            $this->bus->dispatch(new CommentMessage($comment->getId(),
$context));

            return $this->redirectToRoute('conference', ['slug' =>
$conference->getSlug()]);
        }
```

Au lieu de dépendre du SpamChecker, nous envoyons maintenant un message dans le bus. Le gestionnaire décide alors ce qu'il en fait.

Nous avons fait quelque chose que nous n'avions pas prévu. Nous avons découplé notre contrôleur du vérificateur de spam, et déplacé la logique vers une nouvelle classe, le gestionnaire. C'est un cas d'utilisation parfait pour le bus. Testez le code, il fonctionne. Tout se fait encore de manière synchrone, mais le code est probablement déjà « mieux ».

# 18.4 Filtrer les commentaires affichés

Modifiez la logique d'affichage pour éviter que des commentaires non publiés n'apparaissent sur le site :

```
--- a/src/Repository/CommentRepository.php
+++ b/src/Repository/CommentRepository.php
@@ -27,7 +27,9 @@ class CommentRepository extends ServiceEntityRepository
     {
         $query = $this->createQueryBuilder('c')
             ->andWhere('c.conference = :conference')
+            ->andWhere('c.state = :state')
             ->setParameter('conference', $conference)
+            ->setParameter('state', 'published')
             ->orderBy('c.createdAt', 'DESC')
             ->setMaxResults(self::PAGINATOR_PER_PAGE)
             ->setFirstResult($offset)
```

# 18.5 Faire vraiment de l'asynchrone

Par défaut, les gestionnaires sont appelés de manière synchrone. Pour les rendre asynchrone, vous devez configurer explicitement la file d'attente à utiliser pour chaque gestionnaire dans le fichier de configuration `config/packages/messenger.yaml` :

```
--- a/config/packages/messenger.yaml
+++ b/config/packages/messenger.yaml
@@ -5,10 +5,10 @@ framework:
         transports:
             # https://symfony.com/doc/current/messenger.html#transport-
configuration
-            # async: '%env(MESSENGER_TRANSPORT_DSN)%'
+            async: '%env(RABBITMQ_DSN)%'
             # failed: 'doctrine://default?queue_name=failed'
             # sync: 'sync://'

         routing:
             # Route your messages to the transports
-            # 'App\Message\YourMessage': async
+            App\Message\CommentMessage: async
```

La configuration indique au bus d'envoyer les instances de `App\Message\CommentMessage` à la file d'attente `async`, qui est définie par un DSN stocké dans la variable d'environnement `RABBITMQ_DSN`.

# 18.6 Ajouter RabbitMQ comme service Docker

Comme vous l'avez deviné, nous allons utiliser RabbitMQ :

```
--- a/docker-compose.yaml
+++ b/docker-compose.yaml
@@ -12,3 +12,7 @@ services:
     redis:
         image: redis:5-alpine
         ports: [6379]
+
+    rabbitmq:
+        image: rabbitmq:3.7-management
+        ports: [5672, 15672]
```

# 18.7 Redémarrer les services Docker

Pour forcer Docker Compose à prendre en compte le conteneur RabbitMQ, arrêtez les conteneurs et redémarrez-les :

```
$ docker-compose stop
$ docker-compose up -d
```

### Dumping and Restoring Database Data

N'appelez jamais `docker-compose down` si vous ne voulez pas perdre des données. Ou faîtes une sauvegarde au préalable. Utilisez `pg_dump` pour sauvegarder la base de données :

```
$ symfony run pg_dump --data-only > dump.sql
```

Et restaurez les données :

```
$ symfony run psql < dump.sql
```

# 18.8 Consommer des messages

Si vous essayez de soumettre un nouveau commentaire, le vérificateur de spam ne sera plus appelé. Ajoutez un appel à la fonction `error_log()` dans la méthode `getSpamScore()` pour le confirmer. Au lieu d'avoir un nouveau commentaire, un message est en attente dans RabbitMQ, prêt à être consommé par d'autres processus.

Comme vous pouvez l'imaginer, Symfony est livré avec une commande pour consommer les messages. Exécutez-la maintenant :

```
$ symfony console messenger:consume async -vv
```

Cette commande devrait immédiatement consommer le message envoyé pour le commentaire soumis :

```
[OK] Consuming messages from transports "async".

// The worker will automatically exit once it has received a stop signal via
the messenger:stop-workers command.

// Quit the worker with CONTROL-C.

11:30:20 INFO      [messenger] Received message App\Message\CommentMessage
["message" => App\Message\CommentMessage^ { …},"class" => "App\Message\
CommentMessage"]
11:30:20 INFO      [http_client] Request: "POST
https://80cea32be1f6.rest.akismet.com/1.1/comment-check"
11:30:20 INFO      [http_client] Response: "200
https://80cea32be1f6.rest.akismet.com/1.1/comment-check"
11:30:20 INFO      [messenger] Message App\Message\CommentMessage handled by
App\MessageHandler\CommentMessageHandler::__invoke ["message" => App\Message\
CommentMessage^ { …},"class" => "App\Message\CommentMessage","handler" => "App\
MessageHandler\CommentMessageHandler::__invoke"]
11:30:20 INFO      [messenger] App\Message\CommentMessage was handled
successfully (acknowledging to transport). ["message" => App\Message\
CommentMessage^ { …},"class" => "App\Message\CommentMessage"]
```

L'activité du consumer de messages est enregistrée dans les logs, mais vous pouvez avoir un affichage instantané dans la console en passant l'option -vv. Vous devriez même voir l'appel vers l'API d'Akismet.

Pour arrêter le consumer, appuyez sur Ctrl+C.

# 18.9 Explorer l'interface web de gestion de RabbitMQ

Si vous voulez voir les files d'attente et les messages passés par RabbitMQ, ouvrez son interface web de gestion :

```
$ symfony open:local:rabbitmq
```

Ou à partir de la *web debug toolbar* :

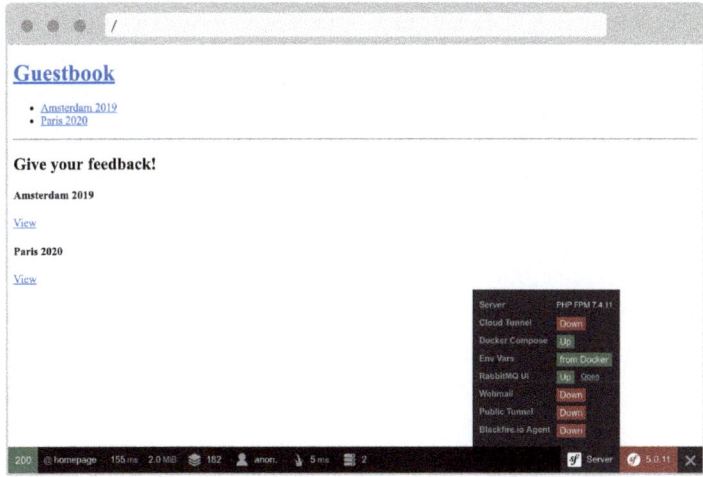

Utilisez **guest/guest** pour vous connecter à l'interface de gestion RabbitMQ :

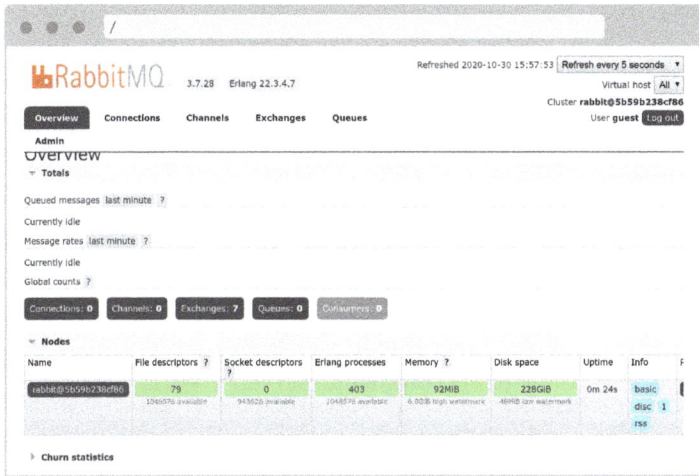

# 18.10 Lancer des *workers* en arrière-plan

Au lieu de lancer le consumer à chaque fois que nous publions un commentaire et de l'arrêter immédiatement après, nous voulons l'exécuter en continu sans avoir trop de fenêtres ou d'onglets du terminal ouverts.

La commande `symfony` peut gérer des commandes en tâche de fond ou des workers en utilisant l'option daemon (`-d`) sur la commande `run`.

Exécutez à nouveau le consumer du message, mais en tâche de fond :

```
$ symfony run -d --watch=config,src,templates,vendor symfony console
messenger:consume async
```

L'option `--watch` indique à Symfony que la commande doit être redémarrée chaque fois qu'il y a un changement dans un des fichiers des répertoires `config/`, `vendor/`, `src/` ou `templates/`.

 N'utilisez pas `-vv` pour éviter les doublons dans `server:log` (messages enregistrés et messages de la console).

Si le consumer cesse de fonctionner pour une raison quelconque (limite de mémoire, bogue, etc.), il sera redémarré automatiquement. Et s'il tombe en panne trop rapidement, la commande `symfony` s'arrêtera.

Les logs sont diffusés en continu par la commande `symfony server:log`, en même temps que ceux de PHP, du serveur web et de l'application :

```
$ symfony server:log
```

Utilisez la commande `server:status` pour lister tous les workers en arrière-plan gérés pour le projet en cours :

```
$ symfony server:status

Web server listening on https://127.0.0.1:8000
  Command symfony console messenger:consume async running with PID 15774
(watching config/, src/, templates/)
```

Pour arrêter un worker, arrêtez le serveur web ou tuez le PID (identifiant du processus) donné par la commande `server:status` :

```
$ kill 15774
```

# 18.11 Renvoyer des messages ayant échoué

Que faire si Akismet est en panne alors qu'un message est en train d'être consommé ? Il n'y a aucun impact pour les personnes qui soumettent des commentaires, mais le message est perdu et le spam n'est pas vérifié.

Messenger dispose d'un mécanisme de relance lorsqu'une exception se produit lors du traitement d'un message. Configurons-le :

```diff
--- a/config/packages/messenger.yaml
+++ b/config/packages/messenger.yaml
@@ -5,10 +5,17 @@ framework:

        transports:
            # https://symfony.com/doc/current/messenger.html#transport-
configuration
-            async: '%env(RABBITMQ_DSN)%'
-            # failed: 'doctrine://default?queue_name=failed'
+            async:
+                dsn: '%env(RABBITMQ_DSN)%'
+                retry_strategy:
+                    max_retries: 3
+                    multiplier: 2
+
+            failed: 'doctrine://default?queue_name=failed'
            # sync: 'sync://'

+        failure_transport: failed
+
        routing:
            # Route your messages to the transports
            App\Message\CommentMessage: async
```

Si un problème survient lors de la manipulation d'un message, le consumer réessaiera 3 fois avant d'abandonner. Mais au lieu de jeter le message, il le stockera dans une mémoire plus permanente, la file d'attente `failed`, qui utilise la base de données Doctrine.

Inspectez les messages ayant échoué et relancez-les à l'aide des commandes suivantes :

```
$ symfony console messenger:failed:show
```

```
$ symfony console messenger:failed:retry
```

# 18.12 Déployer RabbitMQ

L'ajout de RabbitMQ aux serveurs de production peut se faire en l'ajoutant à la liste des services :

```diff
--- a/.symfony/services.yaml
+++ b/.symfony/services.yaml
@@ -5,3 +5,8 @@ db:

 rediscache:
     type: redis:5.0
+
+queue:
```

```
+    type: rabbitmq:3.7
+    disk: 1024
+    size: S
```

Référencez-le également dans la configuration du conteneur web et activez l'extension PHP `amqp` :

```
--- a/.symfony.cloud.yaml
+++ b/.symfony.cloud.yaml
@@ -4,6 +4,7 @@ type: php:7.4

 runtime:
     extensions:
+        - amqp
         - redis
         - pdo_pgsql
         - apcu
@@ -26,6 +27,7 @@ disk: 512
 relationships:
     database: "db:postgresql"
     redis: "rediscache:redis"
+    rabbitmq: "queue:rabbitmq"

 web:
     locations:
```

Lorsque le service RabbitMQ est installé sur un projet, vous pouvez accéder à son interface de gestion web en ouvrant d'abord le tunnel :

```
$ symfony tunnel:open
$ symfony open:remote:rabbitmq

# when done
$ symfony tunnel:close
```

# 18.13 Exécuter des workers sur SymfonyCloud

Pour consommer les messages de RabbitMQ, nous devons exécuter la commande `messenger:consume` en continu. Sur SymfonyCloud, c'est le rôle d'un *worker* :

```
--- a/.symfony.cloud.yaml
+++ b/.symfony.cloud.yaml
@@ -54,3 +54,8 @@ hooks:
         set -x -e

         (>&2 symfony-deploy)
+
```

```
+workers:
+    messages:
+        commands:
+            start: symfony console messenger:consume async -vv --time-
limit=3600 --memory-limit=128M
```

Comme pour la commande **symfony**, SymfonyCloud gère les redémarrages et les logs.

Pour obtenir les logs d'un worker, utilisez :

```
$ symfony logs --worker=messages all
```

 ## Aller plus loin

- *Tutoriel SymfonyCasts sur Messenger*[1] ;
- L'architecture de l'*Enterprise service bus*[2] et le *modèle CQRS*[3] ;
- La *documentation de Symfony Messenger*[4] ;
- *Documentation de RabbitMQ*[5].

1. https://symfonycasts.com/screencast/messenger
2. https://fr.wikipedia.org/wiki/Enterprise_service_bus
3. https://martinfowler.com/bliki/CQRS.html
4. https://symfony.com/doc/current/messenger.html
5. https://www.rabbitmq.com/documentation.html

# Étape 19

# Prendre des décisions avec un workflow

Avoir un état pour un modèle est assez commun. L'état du commentaire n'est déterminé que par le vérificateur de spam. Et si on ajoutait d'autres critères de décision ?

Nous pourrions laisser l'admin du site modérer tous les commentaires après le vérificateur de spam. Le processus serait quelque chose comme :

- Commencez par un état submitted lorsqu'un commentaire est soumis par un internaute ;
- Laissez le vérificateur de spam analyser le commentaire et changer l'état en potential_spam, ham ou rejected
- S'il n'est pas rejeté, attendez que l'admin du site décide si le commentaire est suffisamment utile en changeant l'état pour published ou rejected.

La mise en œuvre de cette logique n'est pas trop complexe, mais vous pouvez imaginer que l'ajout de règles supplémentaires augmenterait considérablement la complexité. Au lieu de coder la logique nous-mêmes, nous pouvons utiliser le composant Symfony Workflow :

```
$ symfony composer req workflow
```

# 19.1 Décrire des workflows

Le workflow de commentaires peut être décrit dans le fichier `config/packages/workflow.yaml` :

*config/packages/workflow.yaml*

```yaml
framework:
    workflows:
        comment:
            type: state_machine
            audit_trail:
                enabled: "%kernel.debug%"
            marking_store:
                type: 'method'
                property: 'state'
            supports:
                - App\Entity\Comment
            initial_marking: submitted
            places:
                - submitted
                - ham
                - potential_spam
                - spam
                - rejected
                - published
            transitions:
                accept:
                    from: submitted
                    to:   ham
                might_be_spam:
                    from: submitted
                    to:   potential_spam
                reject_spam:
                    from: submitted
                    to:   spam
                publish:
                    from: potential_spam
                    to:   published
                reject:
                    from: potential_spam
                    to:   rejected
                publish_ham:
                    from: ham
                    to:   published
                reject_ham:
                    from: ham
                    to:   rejected
```

Pour valider le workflow, générez une représentation visuelle :

```
$ symfony console workflow:dump comment | dot -Tpng -o workflow.png
```

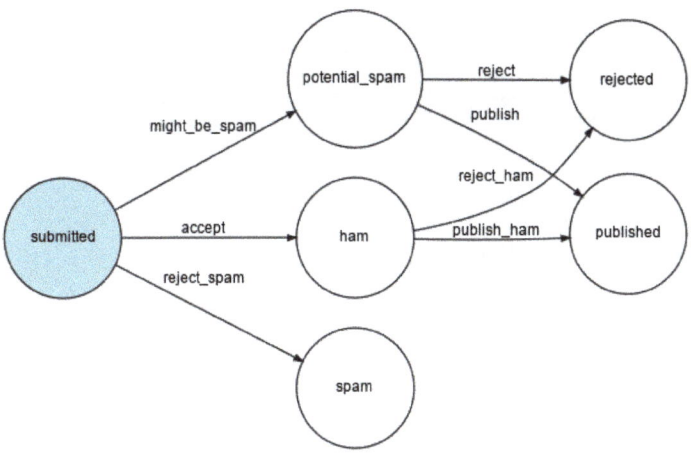

 La commande dot fait partie de l'utilitaire *Graphviz*[1].

## 19.2 Utiliser un workflow

Remplacez la logique actuelle dans le gestionnaire de messages par le workflow :

```
--- a/src/MessageHandler/CommentMessageHandler.php
+++ b/src/MessageHandler/CommentMessageHandler.php
@@ -6,19 +6,28 @@ use App\Message\CommentMessage;
 use App\Repository\CommentRepository;
 use App\SpamChecker;
 use Doctrine\ORM\EntityManagerInterface;
+use Psr\Log\LoggerInterface;
 use Symfony\Component\Messenger\Handler\MessageHandlerInterface;
+use Symfony\Component\Messenger\MessageBusInterface;
+use Symfony\Component\Workflow\WorkflowInterface;

 class CommentMessageHandler implements MessageHandlerInterface
 {
     private $spamChecker;
     private $entityManager;
     private $commentRepository;
+    private $bus;
+    private $workflow;
+    private $logger;

-    public function __construct(EntityManagerInterface $entityManager,
```

---

1. https://www.graphviz.org/

```
 SpamChecker $spamChecker, CommentRepository $commentRepository)
+    public function __construct(EntityManagerInterface $entityManager,
 SpamChecker $spamChecker, CommentRepository $commentRepository,
 MessageBusInterface $bus, WorkflowInterface $commentStateMachine,
 LoggerInterface $logger = null)
     {
         $this->entityManager = $entityManager;
         $this->spamChecker = $spamChecker;
         $this->commentRepository = $commentRepository;
+        $this->bus = $bus;
+        $this->workflow = $commentStateMachine;
+        $this->logger = $logger;
     }

     public function __invoke(CommentMessage $message)
@@ -28,12 +37,21 @@ class CommentMessageHandler implements
 MessageHandlerInterface
             return;
         }

-        if (2 === $this->spamChecker->getSpamScore($comment, $message-
 >getContext())) {
-            $comment->setState('spam');
-        } else {
-            $comment->setState('published');
-        }

-        $this->entityManager->flush();
+        if ($this->workflow->can($comment, 'accept')) {
+            $score = $this->spamChecker->getSpamScore($comment, $message-
 >getContext());
+            $transition = 'accept';
+            if (2 === $score) {
+                $transition = 'reject_spam';
+            } elseif (1 === $score) {
+                $transition = 'might_be_spam';
+            }
+            $this->workflow->apply($comment, $transition);
+            $this->entityManager->flush();
+
+            $this->bus->dispatch($message);
+        } elseif ($this->logger) {
+            $this->logger->debug('Dropping comment message', ['comment' =>
 $comment->getId(), 'state' => $comment->getState()]);
+        }
     }
 }
```

La nouvelle logique se lit comme ceci :

- Si la transition **accept** est disponible pour le commentaire dans le
  message, vérifiez si c'est un spam ;

- Selon le résultat, choisissez la bonne transition à appliquer ;

- Appellez **apply()** pour mettre à jour le Comment via un appel à la méthode `setState()` ;

- Appelez `flush()` pour valider les changements dans la base de données ;
- Réexpédiez le message pour permettre au workflow d'effectuer une nouvelle transition.

Comme nous n'avons pas implémenté la fonctionnalité de validation par l'admin, la prochaine fois que le message sera consommé, le message « Dropping comment message » sera enregistré.

Mettons en place une validation automatique en attendant le prochain chapitre :

```
--- a/src/MessageHandler/CommentMessageHandler.php
+++ b/src/MessageHandler/CommentMessageHandler.php
@@ -50,6 +50,9 @@ class CommentMessageHandler implements
MessageHandlerInterface
            $this->entityManager->flush();

            $this->bus->dispatch($message);
+       } elseif ($this->workflow->can($comment, 'publish') || $this-
>workflow->can($comment, 'publish_ham')) {
+           $this->workflow->apply($comment, $this->workflow->can($comment,
'publish') ? 'publish' : 'publish_ham');
+           $this->entityManager->flush();
        } elseif ($this->logger) {
            $this->logger->debug('Dropping comment message', ['comment' =>
$comment->getId(), 'state' => $comment->getState()]);
        }
```

Exécutez `symfony server:log` et ajoutez un commentaire sur le site pour voir toutes les transitions se produire les unes après les autres.

## Aller plus loin

- *Workflows et State Machines*[2] et quand les choisir ;
- La *documentation du composant Symfony Workflow*[3].

---

2. https://symfony.com/doc/current/workflow/workflow-and-state-machine.html
3. https://symfony.com/doc/current/workflow.html

# Étape 20
# Envoyer des emails aux admins

Pour s'assurer que les commentaires soient de bonne qualité, l'admin doit tous les modérer. Lorsqu'un commentaire est dans l'état ham ou potential_spam, un *email* doit lui être envoyé avec deux liens : un pour l'accepter et un autre pour le rejeter.

Tout d'abord, installez le composant Symfony Mailer :

```
$ symfony composer req mailer
```

## 20.1 Définir un email pour l'admin

Pour stocker l'email de l'admin, utilisez un paramètre de conteneur. Pour l'exemple, nous autorisons également son paramétrage grâce à une variable d'environnement (ce qui ne devrait pas être nécessaire dans la « vraie vie »). Pour faciliter l'injection de cette variable dans les services ayant besoin de l'email de l'admin, définissez un paramètre de conteneur (bind) :

```
--- a/config/services.yaml
+++ b/config/services.yaml
@@ -4,6 +4,7 @@
 # Put parameters here that don't need to change on each machine where the app
 is deployed
 # https://symfony.com/doc/current/best_practices/
 configuration.html#application-related-configuration
```

```
 parameters:
+     default_admin_email: admin@example.com

 services:
     # default configuration for services in *this* file
@@ -13,6 +14,7 @@ services:
         bind:
             $photoDir: "%kernel.project_dir%/public/uploads/photos"
             $akismetKey: "%env(AKISMET_KEY)%"
+            $adminEmail:
"%env(string:default:default_admin_email:ADMIN_EMAIL)%"

     # makes classes in src/ available to be used as services
     # this creates a service per class whose id is the fully-qualified class
name
```

Une variable d'environnement peut être « traitée » avant d'être utilisée. Ici, nous utilisons le processeur `default` afin d'utiliser la valeur du paramètre `default_admin_email` si la variable d'environnement `ADMIN_EMAIL` n'existe pas.

# 20.2 Envoyer une notification par email

Pour envoyer un email, vous pouvez choisir entre plusieurs abstractions de classes d'"Email : depuis `Message`, celle de plus bas niveau, à `NotificationEmail`, celle de niveau le plus élevé. Vous utiliserez probablement la classe `Email` le plus souvent, mais `NotificationEmail` est le choix parfait pour les emails internes.

Dans le gestionnaire de messages, remplaçons la logique d'auto-validation :

```
--- a/src/MessageHandler/CommentMessageHandler.php
+++ b/src/MessageHandler/CommentMessageHandler.php
@@ -7,6 +7,8 @@ use App\Repository\CommentRepository;
 use App\SpamChecker;
 use Doctrine\ORM\EntityManagerInterface;
 use Psr\Log\LoggerInterface;
+use Symfony\Bridge\Twig\Mime\NotificationEmail;
+use Symfony\Component\Mailer\MailerInterface;
 use Symfony\Component\Messenger\Handler\MessageHandlerInterface;
 use Symfony\Component\Messenger\MessageBusInterface;
 use Symfony\Component\Workflow\WorkflowInterface;
@@ -18,15 +20,19 @@ class CommentMessageHandler implements
MessageHandlerInterface
     private $commentRepository;
     private $bus;
     private $workflow;
+    private $mailer;
+    private $adminEmail;
```

```
        private $logger;

-       public function __construct(EntityManagerInterface $entityManager,
SpamChecker $spamChecker, CommentRepository $commentRepository,
MessageBusInterface $bus, WorkflowInterface $commentStateMachine,
LoggerInterface $logger = null)
+       public function __construct(EntityManagerInterface $entityManager,
SpamChecker $spamChecker, CommentRepository $commentRepository,
MessageBusInterface $bus, WorkflowInterface $commentStateMachine,
MailerInterface $mailer, string $adminEmail, LoggerInterface $logger = null)
        {
            $this->entityManager = $entityManager;
            $this->spamChecker = $spamChecker;
            $this->commentRepository = $commentRepository;
            $this->bus = $bus;
            $this->workflow = $commentStateMachine;
+           $this->mailer = $mailer;
+           $this->adminEmail = $adminEmail;
            $this->logger = $logger;
        }

@@ -51,8 +57,13 @@ class CommentMessageHandler implements
MessageHandlerInterface

            $this->bus->dispatch($message);
        } elseif ($this->workflow->can($comment, 'publish') || $this-
>workflow->can($comment, 'publish_ham')) {
-           $this->workflow->apply($comment, $this->workflow->can($comment,
'publish') ? 'publish' : 'publish_ham');
-           $this->entityManager->flush();
+           $this->mailer->send((new NotificationEmail())
+               ->subject('New comment posted')
+               ->htmlTemplate('emails/comment_notification.html.twig')
+               ->from($this->adminEmail)
+               ->to($this->adminEmail)
+               ->context(['comment' => $comment])
+           );
        } elseif ($this->logger) {
            $this->logger->debug('Dropping comment message', ['comment' =>
$comment->getId(), 'state' => $comment->getState()]);
        }
```

L'interface `MailerInterface` est le point d'entrée principal et permet
d'envoyer des emails avec `send()`.

Pour envoyer un email, nous avons besoin d'un expéditeur (l'en-tête
`From`/`Sender`). Au lieu de le définir explicitement sur l'instance Email,
définissez-le globalement :

```
--- a/config/packages/mailer.yaml
+++ b/config/packages/mailer.yaml
@@ -1,3 +1,5 @@
 framework:
     mailer:
         dsn: '%env(MAILER_DSN)%'
```

```
+        envelope:
+            sender: "%env(string:default:default_admin_email:ADMIN_EMAIL)%"
```

## 20.3 Hériter du template d'email de notification

Le template d'email de notification hérite du template d'email de notification par défaut fourni avec Symfony :

*templates/emails/comment_notification.html.twig*
```twig
{% extends '@email/default/notification/body.html.twig' %}

{% block content %}
    Author: {{ comment.author }}<br />
    Email: {{ comment.email }}<br />
    State: {{ comment.state }}<br />

    <p>
        {{ comment.text }}
    </p>
{% endblock %}

{% block action %}
    <spacer size="16"></spacer>
    <button href="{{ url('review_comment', { id: comment.id })
}}">Accept</button>
    <button href="{{ url('review_comment', { id: comment.id, reject: true })
}}">Reject</button>
{% endblock %}
```

Le template remplace quelques blocs pour personnaliser le message de l'email et pour ajouter des liens permettant à l'admin d'accepter ou de rejeter un commentaire. Tout argument de routage qui n'est pas un paramètre de routage valide est ajouté comme paramètre de l'URL (l'URL de rejet ressemble à /admin/comment/review/42?reject=true).

Le template par défaut NotificationEmail utilise *Inky*[1] au lieu de HTML pour générer les emails. Il permet de créer des emails responsives compatibles avec tous les clients de messagerie courants.

Pour une compatibilité maximale avec les clients de messagerie, la mise en page de base de la notification convertit les feuilles de style externes en CSS en ligne (via le package CSS inliner).

Ces deux fonctions font partie d'extensions Twig optionnelles qui doivent être installées :

---

1. https://get.foundation/emails/docs/inky.html

```
$ symfony composer req "twig/cssinliner-extra:^3" "twig/inky-extra:^3"
```

# 20.4 Générer des URLs absolues dans une commande

Dans les emails, générez les URLs avec `url()` au lieu de `path()` puisque vous avez besoin qu'elles soient absolues (avec le schéma et l'hôte).

L'email est envoyé par le gestionnaire de message, dans un contexte console. Générer des URLs absolues dans un contexte web est plus facile car nous connaissons le schéma et le domaine de la page courante. Ce n'est pas le cas dans un contexte console.

Définissez le nom de domaine et le schéma à utiliser explicitement :

```
--- a/config/services.yaml
+++ b/config/services.yaml
@@ -5,6 +5,11 @@
 # https://symfony.com/doc/current/best_practices/
configuration.html#application-related-configuration
 parameters:
     default_admin_email: admin@example.com
+    default_domain: '127.0.0.1'
+    default_scheme: 'http'
+
+    router.request_context.host:
'%env(default:default_domain:SYMFONY_DEFAULT_ROUTE_HOST)%'
+    router.request_context.scheme:
'%env(default:default_scheme:SYMFONY_DEFAULT_ROUTE_SCHEME)%'

 services:
     # default configuration for services in *this* file
```

Les variables d'environnement `SYMFONY_DEFAULT_ROUTE_HOST` et `SYMFONY_DEFAULT_ROUTE_PORT` sont automatiquement définies localement lors de l'utilisation de la commande `symfony` et déterminées en fonction de la configuration sur SymfonyCloud.

# 20.5 Lier une route à un contrôleur

La route `review_comment` n'existe pas encore. Créons un contrôleur admin pour la gérer :

*src/Controller/AdminController.php*
```
namespace App\Controller;
```

```php
use App\Entity\Comment;
use App\Message\CommentMessage;
use Doctrine\ORM\EntityManagerInterface;
use Symfony\Bundle\FrameworkBundle\Controller\AbstractController;
use Symfony\Component\HttpFoundation\Request;
use Symfony\Component\HttpFoundation\Response;
use Symfony\Component\Messenger\MessageBusInterface;
use Symfony\Component\Routing\Annotation\Route;
use Symfony\Component\Workflow\Registry;
use Twig\Environment;

class AdminController extends AbstractController
{
    private $twig;
    private $entityManager;
    private $bus;

    public function __construct(Environment $twig, EntityManagerInterface
$entityManager, MessageBusInterface $bus)
    {
        $this->twig = $twig;
        $this->entityManager = $entityManager;
        $this->bus = $bus;
    }

    /**
     * @Route("/admin/comment/review/{id}", name="review_comment")
     */
    public function reviewComment(Request $request, Comment $comment, Registry
$registry): Response
    {
        $accepted = !$request->query->get('reject');

        $machine = $registry->get($comment);
        if ($machine->can($comment, 'publish')) {
            $transition = $accepted ? 'publish' : 'reject';
        } elseif ($machine->can($comment, 'publish_ham')) {
            $transition = $accepted ? 'publish_ham' : 'reject_ham';
        } else {
            return new Response('Comment already reviewed or not in the right
state.');
        }

        $machine->apply($comment, $transition);
        $this->entityManager->flush();

        if ($accepted) {
            $this->bus->dispatch(new CommentMessage($comment->getId()));
        }

        return $this->render('admin/review.html.twig', [
            'transition' => $transition,
            'comment' => $comment,
        ]);
    }
}
```

L'URL permettant la validation du commentaire commence par `/admin/`, afin qu'elle soit protégée par le pare-feu défini lors d'une étape précédente. L'admin doit se connecter pour accéder à cette ressource.

Au lieu de créer une instance de `Response`, nous avons utilisé une méthode plus courte, fournie par la classe de base `AbstractController`.

Une fois la validation terminée, un court template remercie l'admin pour son dur labeur :

*templates/admin/review.html.twig*
```twig
{% extends 'base.html.twig' %}

{% block body %}
    <h2>Comment reviewed, thank you!</h2>

    <p>Applied transition: <strong>{{ transition }}</strong></p>
    <p>New state: <strong>{{ comment.state }}</strong></p>
{% endblock %}
```

## 20.6 Utiliser un *mail catcher*

Au lieu d'utiliser un « vrai » serveur SMTP ou un fournisseur tiers pour envoyer des emails, utilisons un mail catcher. Un mail catcher fournit un serveur SMTP qui n'envoie pas vraiment les emails, mais les rend disponibles via une interface web :

```
--- a/docker-compose.yaml
+++ b/docker-compose.yaml
@@ -16,3 +16,7 @@ services:
     rabbitmq:
         image: rabbitmq:3.7-management
         ports: [5672, 15672]
+
+    mailer:
+        image: schickling/mailcatcher
+        ports: [1025, 1080]
```

Stoppez et redémarrez les conteneurs pour ajouter le mail catcher :

```
$ docker-compose stop
$ docker-compose up -d
```

## 20.7 Accéder au webmail

Vous pouvez ouvrir le webmail depuis un terminal :

```
$ symfony open:local:webmail
```

Ou à partir de la web debug toolbar :

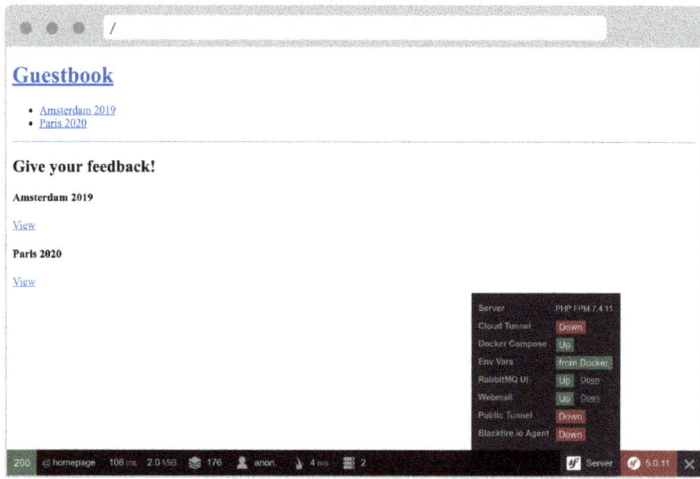

Soumettez un commentaire, vous devriez recevoir un email dans l'interface du webmail :

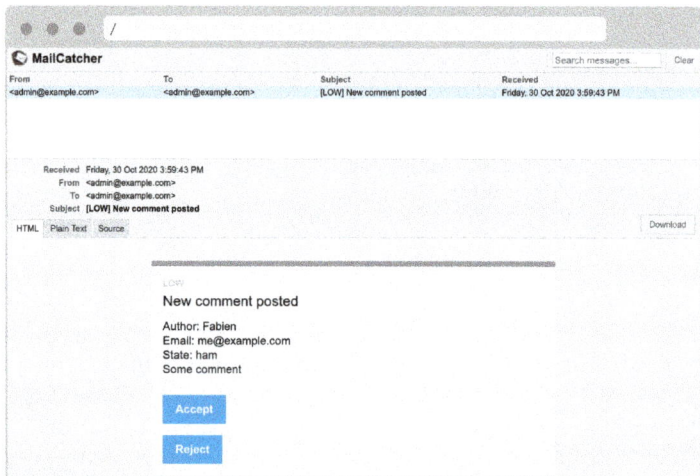

Cliquez sur le titre de l'email dans l'interface, puis acceptez ou rejetez le commentaire comme bon vous semble :

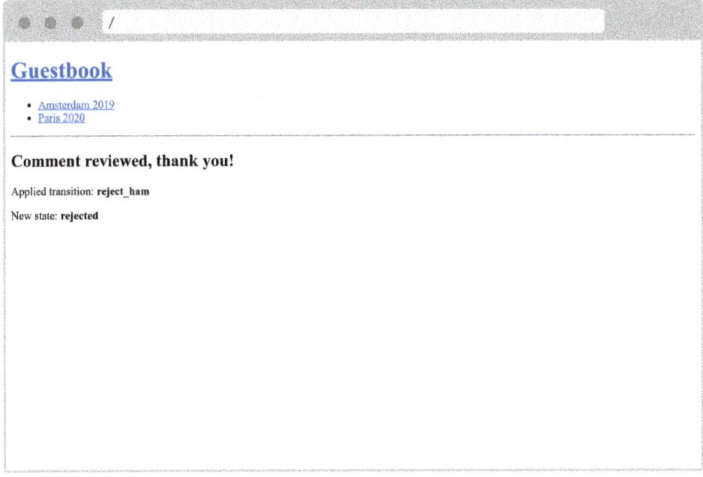

Vérifiez les logs avec `server:log` si cela ne fonctionne pas comme prévu.

## 20.8 Gérer des scripts de longue durée

Le fait d'avoir des scripts de longue durée s'accompagne de comportements dont vous devez être conscient. Contrairement au modèle PHP utilisé pour les requêtes HTTP où chaque requête commence avec un nouvel état, le consumer du message s'exécute continuellement en arrière-plan. Chaque traitement d'un message hérite de l'état actuel, y compris le cache mémoire. Pour éviter tout problème avec Doctrine, ses entity managers sont automatiquement nettoyés après le traitement d'un message. Vous devriez vérifier si vos propres services doivent faire de même ou non.

## 20.9 Envoyer des emails en mode asynchrone

L'email envoyé dans le gestionnaire de message peut prendre un certain temps avant d'être envoyé. Il pourrait même générer une exception. Dans le cas où une exception serait levée lors du traitement d'un message, celui-ci sera réessayé. Mais au lieu d'essayer à nouveau de consommer le message de commentaire, il serait préférable de renvoyer l'email.

Nous savons déjà comment faire : envoyer l'email dans le bus.

Une instance de `MailerInterface` fait le gros du travail : lorsqu'un bus est défini, elle lui passe les emails au lieu de les envoyer directement. Aucun changement n'est nécessaire dans votre code.

Mais pour l'instant, le bus envoie l'email de manière synchrone car nous n'avons pas configuré la file d'attente que nous voulons utiliser pour les emails. Utilisons à nouveau RabbitMQ :

```
--- a/config/packages/messenger.yaml
+++ b/config/packages/messenger.yaml
@@ -19,3 +19,4 @@ framework:
         routing:
             # Route your messages to the transports
             App\Message\CommentMessage: async
+            Symfony\Component\Mailer\Messenger\SendEmailMessage: async
```

Même si nous utilisons le même transport (RabbitMQ) pour les commentaires et les emails, cela n'est pas obligatoirement le cas. Vous pouvez décider d'utiliser un autre transport pour gérer différentes priorités de messages par exemple. L'utilisation de différents transports vous donne également la possibilité d'avoir différents serveurs pour gérer les différents types de messages. C'est flexible, et cela vous donne la liberté de choisir.

## 20.10 Tester les emails

Il y a plusieurs façons de tester les emails.

Vous pouvez écrire des tests unitaires si vous écrivez une classe par email (en héritant d'`Email` ou de `TemplatedEmail` par exemple).

Cependant, les tests les plus courants que vous allez écrire sont des tests fonctionnels qui vérifient que certaines actions déclenchent un email, et probablement des tests sur le contenu des emails s'ils sont dynamiques.

Symfony est fourni avec des assertions qui facilitent de tels tests :

```php
public function testMailerAssertions()
{
    $client = static::createClient();
    $client->request('GET', '/');

    $this->assertEmailCount(1);
    $event = $this->getMailerEvent(0);
    $this->assertEmailIsQueued($event);

    $email = $this->getMailerMessage(0);
    $this->assertEmailHeaderSame($email, 'To', 'fabien@example.com');
    $this->assertEmailTextBodyContains($email, 'Bar');
    $this->assertEmailAttachmentCount($email, 1);
}
```

Ces assertions fonctionnent lorsque les emails sont envoyés de façon synchrone ou asynchrone.

## 20.11 Envoyer des emails sur SymfonyCloud

Il n'y a pas de configuration spécifique pour SymfonyCloud. Tous les comptes sont fournis avec un compte SendGrid qui est automatiquement utilisé pour envoyer les emails.

Vous devez cependant mettre à jour la configuration de SymfonyCloud pour inclure l'extension PHP **xsl** nécessaire à Inky :

```
--- a/.symfony.cloud.yaml
+++ b/.symfony.cloud.yaml
@@ -4,6 +4,7 @@ type: php:7.4

 runtime:
     extensions:
+        - xsl
         - amqp
         - redis
         - pdo_pgsql
```

Par mesure de sécurité, les emails *sont uniquement* envoyés depuis la branche **master** par défaut. Activez SMTP explicitement sur les branches non-**master** si vous comprenez ce que vous faites :

```
$ symfony env:setting:set email on
```

### Aller plus loin

- *Tutoriel SymfonyCasts sur Mailer*[2] ;
- *La documentation sur le langage de templating Inky*[3] ;
- *Les processeurs de variables d'environnement*[4] ;
- *La documentation du Mailer de Symfony*[5] ;
- *The SymfonyCloud documentation about Emails*[6].

---

2. https://symfonycasts.com/screencast/mailer
3. https://get.foundation/emails/docs/inky.html
4. https://symfony.com/doc/current/configuration/env_var_processors.html
5. https://symfony.com/doc/current/mailer.html
6. https://symfony.com/doc/current/cloud/services/emails.html

# Mettre en cache pour la performance

Les problèmes de performance peuvent survenir avec la popularité. Quelques exemples typiques : des index de base de données manquants ou des tonnes de requêtes SQL par page. Vous n'aurez aucun problème avec une base de données vide, mais avec plus de trafic et des données croissantes, cela peut arriver à un moment donné.

## 21.1 Ajouter des en-têtes de cache HTTP

L'utilisation de stratégies de mise en cache HTTP est un excellent moyen de maximiser les performances de notre site avec un minimum d'effort. Ajoutez un cache reverse proxy en production pour permettre la mise en cache et utilisez un *CDN*[1] pour aller encore plus loin.

Mettons en cache la page d'accueil pendant une heure :

```
--- a/src/Controller/ConferenceController.php
+++ b/src/Controller/ConferenceController.php
@@ -35,9 +35,12 @@ class ConferenceController extends AbstractController
     */
    public function index(ConferenceRepository $conferenceRepository):
Response
```

---

1. https://en.wikipedia.org/wiki/Content_delivery_network

```
    {
-       return new Response($this->twig->render('conference/index.html.twig',
[
+       $response = new Response($this->twig->render('conference/
index.html.twig', [
            'conferences' => $conferenceRepository->findAll(),
        ]));
+       $response->setSharedMaxAge(3600);
+
+       return $response;
    }

    /**
```

La méthode `setSharedMaxAge()` configure l'expiration du cache pour les reverse proxies. Utiliser `setMaxAge()` permet de contrôler le cache du navigateur. Le temps est exprimé en secondes (1 heure = 60 minutes = 3600 secondes).

La mise en cache de la page de la conférence est plus difficile car elle est plus dynamique. N'importe qui peut ajouter un commentaire à tout moment, et personne ne veut attendre une heure pour le voir en ligne. Dans de tels cas, utilisez la stratégie de *validation HTTP*.

# 21.2 Activer le noyau de cache HTTP de Symfony

Pour tester la stratégie de cache HTTP, utilisez le reverse proxy HTTP de Symfony :

```
--- a/public/index.php
+++ b/public/index.php
@@ -1,6 +1,7 @@
 <?php

 use App\Kernel;
+use Symfony\Bundle\FrameworkBundle\HttpCache\HttpCache;
 use Symfony\Component\ErrorHandler\Debug;
 use Symfony\Component\HttpFoundation\Request;

@@ -21,6 +22,11 @@ if ($trustedHosts = $_SERVER['TRUSTED_HOSTS'] ?? false) {
 }

 $kernel = new Kernel($_SERVER['APP_ENV'], (bool) $_SERVER['APP_DEBUG']);
+
+if ('dev' === $kernel->getEnvironment()) {
+    $kernel = new HttpCache($kernel);
+}
+
 $request = Request::createFromGlobals();
 $response = $kernel->handle($request);
```

En plus d'être un véritable reverse proxy HTTP, le reverse proxy HTTP de Symfony (via la classe `HttpCache`) ajoute quelques informations de débogage sous forme d'en-têtes HTTP. Cela aide grandement à valider les en-têtes de cache que nous avons définis.

Vérifiez sur la page d'accueil :

```
$ curl -s -I -X GET https://127.0.0.1:8000/
```

```
HTTP/2 200
age: 0
cache-control: public, s-maxage=3600
content-type: text/html; charset=UTF-8
date: Mon, 28 Oct 2019 08:11:57 GMT
x-content-digest:
en63cef7045fe418859d73668c2703fb1324fcc0d35b21d95369a9ed1aca48e73e
x-debug-token: 9eb25a
x-debug-token-link: https://127.0.0.1:8000/_profiler/9eb25a
x-robots-tag: noindex
x-symfony-cache: GET /: miss, store
content-length: 50978
```

Pour la toute première requête, le serveur de cache vous indique que c'était un `miss` et qu'il a exécuté une action de `store` pour mettre la réponse en cache. Vérifiez l'en-tête `cache-control` pour voir la stratégie de cache configurée.

Pour les prochaines demandes, la réponse est mise en cache (l'`age` a également été mis à jour) :

```
HTTP/2 200
age: 143
cache-control: public, s-maxage=3600
content-type: text/html; charset=UTF-8
date: Mon, 28 Oct 2019 08:11:57 GMT
x-content-digest:
en63cef7045fe418859d73668c2703fb1324fcc0d35b21d95369a9ed1aca48e73e
x-debug-token: 9eb25a
x-debug-token-link: https://127.0.0.1:8000/_profiler/9eb25a
x-robots-tag: noindex
x-symfony-cache: GET /: fresh
content-length: 50978
```

## 21.3 Éviter des requêtes SQL avec les ESIs

Le *listener* `TwigEventSubscriber` injecte une variable globale dans Twig avec tous les objets de conférence, et ce sur chaque page du site web. C'est probablement une excellente chose à optimiser.

Vous n'ajouterez pas de nouvelles conférences tous les jours, donc le code interroge la base de données pour récupérer exactement les mêmes données encore et encore.

Nous pourrions vouloir mettre en cache les noms et les *slugs* des conférences avec le cache Symfony, mais dès que possible, j'aime me reposer sur le système de mise en cache HTTP.

Lorsque vous voulez mettre en cache un fragment d'une page, déplacez-le en dehors de la requête HTTP en cours en créant une *sous-requête*. *ESI* correspond parfaitement à ce cas d'utilisation. Un ESI est un moyen d'intégrer le résultat d'une requête HTTP dans une autre.

Créez un contrôleur qui ne renvoie que le fragment HTML qui affiche les conférences :

```
--- a/src/Controller/ConferenceController.php
+++ b/src/Controller/ConferenceController.php
@@ -45,6 +45,16 @@ class ConferenceController extends AbstractController
         return $response;
     }

+    /**
+     * @Route("/conference_header", name="conference_header")
+     */
+    public function conferenceHeader(ConferenceRepository
$conferenceRepository): Response
+    {
+        return new Response($this->twig->render('conference/
header.html.twig', [
+            'conferences' => $conferenceRepository->findAll(),
+        ]));
+    }
+
     /**
      * @Route("/conference/{slug}", name="conference")
      */
```

Créez le template correspondant :

```
templates/conference/header.html.twig
<ul>
    {% for conference in conferences %}
        <li><a href="{{ path('conference', { slug: conference.slug }) }}">{{
conference }}</a></li>
    {% endfor %}
</ul>
```

Interrogez la route /conference_header pour vérifier que tout fonctionne bien.

Il est temps de dévoiler l'astuce ! Mettez à jour le template Twig pour appeler le contrôleur que nous venons de créer :

```
--- a/templates/base.html.twig
+++ b/templates/base.html.twig
@@ -8,11 +8,7 @@
     <body>
         <header>
             <h1><a href="{{ path('homepage') }}">Guestbook</a></h1>
-            <ul>
-            {% for conference in conferences %}
-                <li><a href="{{ path('conference', { slug: conference.slug })
}}">{{ conference }}</a></li>
-            {% endfor %}
-            </ul>
+            {{ render(path('conference_header')) }}
             <hr />
         </header>
         {% block body %}{% endblock %}
```

Et voilà. Rafraîchissez la page et le site web affiche toujours la même chose.

 Utilisez le panneau du profileur Symfony « Request / Response » pour en savoir plus sur la requête principale et ses sous-requêtes.

Maintenant, chaque fois que vous affichez une page dans le navigateur, deux requêtes HTTP sont exécutées : une pour l'en-tête et une pour la page principale. Vous avez dégradé les performances. Félicitations !

L'appel HTTP pour l'en-tête est actuellement effectué en interne par Symfony, donc aucun aller-retour HTTP n'est impliqué. Cela signifie également qu'il n'y a aucun moyen de bénéficier des en-têtes de cache HTTP.

Convertissez l'appel en un « vrai » appel HTTP à l'aide d'un ESI.

Tout d'abord, activez le support ESI :

```
--- a/config/packages/framework.yaml
+++ b/config/packages/framework.yaml
@@ -11,7 +11,7 @@ framework:
         cookie_secure: auto
         cookie_samesite: lax

-    #esi: true
+    esi: true
     #fragments: true
     php_errors:
         log: true
```

Ensuite, utilisez `render_esi` au lieu de `render` :

209

```
--- a/templates/base.html.twig
+++ b/templates/base.html.twig
@@ -8,7 +8,7 @@
    <body>
        <header>
            <h1><a href="{{ path('homepage') }}">Guestbook</a></h1>
-            {{ render(path('conference_header')) }}
+            {{ render_esi(path('conference_header')) }}
            <hr />
        </header>
        {% block body %}{% endblock %}
```

Si Symfony détecte un reverse proxy qui sait comment traiter les ESIs, il active automatiquement le support (sinon, par défaut, il génère le rendu de la sous-demande de manière synchrone).

Comme le reverse proxy de Symfony supporte les ESIs, vérifions ses logs (supprimons d'abord le cache - voir « Purger le cache » ci-dessous) :

```
$ curl -s -I -X GET https://127.0.0.1:8000/
```

```
HTTP/2 200
age: 0
cache-control: must-revalidate, no-cache, private
content-type: text/html; charset=UTF-8
date: Mon, 28 Oct 2019 08:20:05 GMT
expires: Mon, 28 Oct 2019 08:20:05 GMT
x-content-digest:
en4dd846a34dcd757eb9fd277f43220effd28c00e4117bed41af7f85700eb07f2c
x-debug-token: 719a83
x-debug-token-link: https://127.0.0.1:8000/_profiler/719a83
x-robots-tag: noindex
x-symfony-cache: GET /: miss, store; GET /conference_header: miss
content-length: 50978
```

Rafraîchissez quelques fois : la réponse à la route"/" est mise en cache et celle à /conference_header ne l'est pas. Nous avons réalisé quelque chose de génial : toute la page est dans le cache mais elle conserve toujours une partie dynamique.

Mais ce n'est pas ce que nous voulons. Mettez l'en-tête de la page en cache pendant une heure, indépendamment de tout le reste :

```
--- a/src/Controller/ConferenceController.php
+++ b/src/Controller/ConferenceController.php
@@ -48,9 +48,12 @@ class ConferenceController extends AbstractController
     */
    public function conferenceHeader(ConferenceRepository
$conferenceRepository): Response
    {
-        return new Response($this->twig->render('conference/
```

```
header.html.twig', [
+         $response = new Response($this->twig->render('conference/
header.html.twig', [
            'conferences' => $conferenceRepository->findAll(),
        ]));
+         $response->setSharedMaxAge(3600);
+
+         return $response;
    }

    /**
```

Le cache est maintenant activé pour les deux requêtes :

```
$ curl -s -I -X GET https://127.0.0.1:8000/
```

```
HTTP/2 200
age: 613
cache-control: public, s-maxage=3600
content-type: text/html; charset=UTF-8
date: Mon, 28 Oct 2019 07:31:24 GMT
x-content-digest:
en15216b0803c7851d3d07071473c9f6a3a3360c6a83ccb0e550b35d5bc484bbd2
x-debug-token: cfb0e9
x-debug-token-link: https://127.0.0.1:8000/_profiler/cfb0e9
x-robots-tag: noindex
x-symfony-cache: GET /: fresh; GET /conference_header: fresh
content-length: 50978
```

L'en-tête `x-symfony-cache` contient deux éléments : la requête principale `/` et une sous-requête (l'ESI `conference_header`). Les deux sont dans le cache (`fresh`).

La stratégie de cache peut être différente entre la page principale et ses ESIs. Si nous avons une page « about », nous pourrions vouloir la stocker pendant une semaine dans le cache, tout en ayant l'en-tête mis à jour toutes les heures.

Supprimez le listener car nous n'en avons plus besoin :

```
$ rm src/EventSubscriber/TwigEventSubscriber.php
```

# 21.4 Purger le cache HTTP pour les tests

Tester le site web dans un navigateur ou via des tests automatisés devient un peu plus difficile avec une couche de cache.

Vous pouvez supprimer manuellement tout le cache HTTP en

supprimant le répertoire `var/cache/dev/http_cache/` :

```
$ rm -rf var/cache/dev/http_cache/
```

Cette stratégie ne fonctionne pas bien si vous voulez seulement invalider certaines URLs ou si vous voulez intégrer l'invalidation du cache dans vos tests fonctionnels. Ajoutons un petit point d'entrée HTTP, réservé à l'admin, pour invalider certaines URLs :

```
--- a/src/Controller/AdminController.php
+++ b/src/Controller/AdminController.php
@@ -6,8 +6,10 @@ use App\Entity\Comment;
 use App\Message\CommentMessage;
 use Doctrine\ORM\EntityManagerInterface;
 use Symfony\Bundle\FrameworkBundle\Controller\AbstractController;
+use Symfony\Bundle\FrameworkBundle\HttpCache\HttpCache;
 use Symfony\Component\HttpFoundation\Request;
 use Symfony\Component\HttpFoundation\Response;
+use Symfony\Component\HttpKernel\KernelInterface;
 use Symfony\Component\Messenger\MessageBusInterface;
 use Symfony\Component\Routing\Annotation\Route;
 use Symfony\Component\Workflow\Registry;
@@ -54,4 +56,19 @@ class AdminController extends AbstractController
             'comment' => $comment,
         ]);
     }
+
+    /**
+     * @Route("/admin/http-cache/{uri<.*>}", methods={"PURGE"})
+     */
+    public function purgeHttpCache(KernelInterface $kernel, Request $request,
string $uri): Response
+    {
+        if ('prod' === $kernel->getEnvironment()) {
+            return new Response('KO', 400);
+        }
+
+        $store = (new class($kernel) extends HttpCache {})->getStore();
+        $store->purge($request->getSchemeAndHttpHost().'/'.$uri);
+
+        return new Response('Done');
+    }
 }
```

Le nouveau contrôleur a été limité à la méthode HTTP `PURGE`. Cette méthode n'est pas dans le standard HTTP, mais elle est largement utilisée pour invalider les caches.

Par défaut, les paramètres de routage ne peuvent pas contenir / car ils séparent les segments d'une URL. Vous pouvez remplacer cette restriction pour le dernier paramètre de routage, comme `uri` par exemple, en définissant votre propre masque (`.*`).

La manière par laquelle nous obtenons l'instance `HttpCache` peut aussi sembler un peu étrange ; nous utilisons une classe anonyme, car l'accès à la classe « réelle » n'est pas possible. L'instance `HttpCache` enveloppe le noyau réel, qui n'est volontairement pas conscient de la couche de cache.

Invalidez la page d'accueil et l'en-tête avec les conférences via les appels cURL suivants :

```
$ curl -I -X PURGE -u admin:admin `symfony var:export
SYMFONY_PROJECT_DEFAULT_ROUTE_URL`/admin/http-cache/
$ curl -I -X PURGE -u admin:admin `symfony var:export
SYMFONY_PROJECT_DEFAULT_ROUTE_URL`/admin/http-cache/conference_header
```

La sous-commande `symfony var:export` `SYMFONY_PROJECT_DEFAULT_ROUTE_URL` retourne l'URL courante du serveur web local.

 Le contrôleur n'a pas de nom de route car il ne sera jamais référencé dans le code.

# 21.5 Regrouper les routes similaires avec un préfixe

Les deux routes du contrôleur admin ont le même préfixe `/admin`. Au lieu de le répéter sur toutes les routes, refactorisez-les pour configurer le préfixe sur la classe elle-même :

```
--- a/src/Controller/AdminController.php
+++ b/src/Controller/AdminController.php
@@ -15,6 +15,9 @@ use Symfony\Component\Routing\Annotation\Route;
 use Symfony\Component\Workflow\Registry;
 use Twig\Environment;

+/**
+ * @Route("/admin")
+ */
 class AdminController extends AbstractController
 {
     private $twig;
@@ -29,7 +32,7 @@ class AdminController extends AbstractController
     }

     /**
-     * @Route("/admin/comment/review/{id}", name="review_comment")
+     * @Route("/comment/review/{id}", name="review_comment")
     */
     public function reviewComment(Request $request, Comment $comment,
Registry $registry): Response
     {
@@ -58,7 +61,7 @@ class AdminController extends AbstractController
```

```
      }
      /**
-     * @Route("/admin/http-cache/{uri<.*>}", methods={"PURGE"})
+     * @Route("/http-cache/{uri<.*>}", methods={"PURGE"})
      */
     public function purgeHttpCache(KernelInterface $kernel, Request $request,
string $uri): Response
     {
```

# 21.6 Mettre en cache les opérations coûteuses en CPU/ mémoire

Nous n'avons pas d'algorithmes gourmands en CPU ou en mémoire sur le site web. Pour parler des *caches locaux*, créons une commande qui affiche l'étape en cours sur laquelle nous travaillons (pour être plus précis, le nom du tag Git attaché au commit actuel).

Le composant Symfony Process vous permet d'exécuter une commande et de récupérer le résultat (sortie standard et erreur) ; installez-le :

```
$ symfony composer req process
```

Créez la commande :

*src/Command/StepInfoCommand.php*
```
namespace App\Command;

use Symfony\Component\Console\Command\Command;
use Symfony\Component\Console\Input\InputInterface;
use Symfony\Component\Console\Output\OutputInterface;
use Symfony\Component\Process\Process;

class StepInfoCommand extends Command
{
    protected static $defaultName = 'app:step:info';

    protected function execute(InputInterface $input, OutputInterface
$output): int
    {
        $process = new Process(['git', 'tag', '-l', '--points-at', 'HEAD']);
        $process->mustRun();
        $output->write($process->getOutput());

        return 0;
    }
}
```

Vous auriez pu utiliser `make:command` pour créer la commande :

```
$ symfony console make:command app:step:info
```

Et si on veut mettre le résultat en cache pendant quelques minutes ? Utilisez le cache Symfony :

```
$ symfony composer req cache
```

Et insérez le code dans la logique de cache :

```
--- a/src/Command/StepInfoCommand.php
+++ b/src/Command/StepInfoCommand.php
@@ -6,16 +6,31 @@ use Symfony\Component\Console\Command\Command;
 use Symfony\Component\Console\Input\InputInterface;
 use Symfony\Component\Console\Output\OutputInterface;
 use Symfony\Component\Process\Process;
+use Symfony\Contracts\Cache\CacheInterface;

 class StepInfoCommand extends Command
 {
     protected static $defaultName = 'app:step:info';

+    private $cache;
+
+    public function __construct(CacheInterface $cache)
+    {
+        $this->cache = $cache;
+
+        parent::__construct();
+    }
+
     protected function execute(InputInterface $input, OutputInterface
 $output): int
     {
-        $process = new Process(['git', 'tag', '-l', '--points-at', 'HEAD']);
-        $process->mustRun();
-        $output->write($process->getOutput());
+        $step = $this->cache->get('app.current_step', function ($item) {
+            $process = new Process(['git', 'tag', '-l', '--points-at',
 'HEAD']);
+            $process->mustRun();
+            $item->expiresAfter(30);
+
+            return $process->getOutput();
+        });
+        $output->writeln($step);

         return 0;
     }
```

Le processus n'est maintenant appelé que si l'élément `app.current_step` n'est pas dans le cache.

## 21.7 Analyser et comparer les performances

N'ajoutez jamais de cache à l'aveuglette. Gardez à l'esprit que l'ajout d'un cache ajoute une couche de complexité. Et comme nous sommes tous très mauvais pour deviner ce qui sera rapide et ce qui est lent, vous pourriez vous retrouver dans une situation où le cache rend votre application plus lente.

Mesurez toujours l'impact de l'ajout d'un cache avec un outil de profilage comme *Blackfire*[2].

Reportez-vous à l'étape « Performances » pour en savoir plus sur la façon dont vous pouvez utiliser Blackfire pour tester votre code avant de le déployer.

## 21.8 Configurer un cache de reverse proxy en production

N'utilisez pas le reverse proxy Symfony en production. Préférez toujours un reverse proxy comme Varnish sur votre infrastructure, ou un CDN commercial.

Ajoutez Varnish aux services SymfonyCloud :

```
--- a/.symfony/services.yaml
+++ b/.symfony/services.yaml
@@ -10,3 +10,12 @@ queue:
     type: rabbitmq:3.7
     disk: 1024
     size: S
+
+varnish:
+    type: varnish:6.0
+    relationships:
+        application: 'app:http'
+    configuration:
+        vcl: !include
+            type: string
+            path: config.vcl
```

Utilisez Varnish comme point d'entrée principal dans les routes :

```
--- a/.symfony/routes.yaml
+++ b/.symfony/routes.yaml
@@ -1,2 +1,2 @@
```

---

2. https://blackfire.io/

```
-"https://{all}/": { type: upstream, upstream: "app:http" }
+"https://{all}/": { type: upstream, upstream: "varnish:http", cache: {
enabled: false } }
 "http://{all}/": { type: redirect, to: "https://{all}/" }
```

Enfin, créez un fichier **config.vcl** pour configurer Varnish :

*.symfony/config.vcl*

```
sub vcl_recv {
    set req.backend_hint = application.backend();
}
```

# 21.9 Activer le support ESI sur Varnish

La prise en charge des ESIs sur Varnish devrait être activée explicitement pour chaque requête. Pour le rendre global, Symfony utilise les en-têtes standard **Surrogate-Capability** et **Surrogate-Control** pour activer le support ESI :

*.symfony/config.vcl*

```
sub vcl_recv {
    set req.backend_hint = application.backend();
    set req.http.Surrogate-Capability = "abc=ESI/1.0";
}

sub vcl_backend_response {
    if (beresp.http.Surrogate-Control ~ "ESI/1.0") {
        unset beresp.http.Surrogate-Control;
        set beresp.do_esi = true;
    }
}
```

# 21.10 Purger le cache de Varnish

L'invalidation du cache en production ne devrait probablement jamais être nécessaire, sauf en cas d'urgence, et peut-être si vous n'êtes pas dans la branche **master**. Si vous avez besoin de souvent purger le cache, cela signifie probablement que la stratégie de mise en cache doit être modifiée (en réduisant le TTL, ou en utilisant une stratégie de validation au lieu d'une stratégie d'expiration).

Quoi qu'il en soit, voyons comment configurer Varnish pour l'invalidation du cache :

```
--- a/.symfony/config.vcl
+++ b/.symfony/config.vcl
@@ -1,6 +1,13 @@
 sub vcl_recv {
     set req.backend_hint = application.backend();
     set req.http.Surrogate-Capability = "abc=ESI/1.0";
+
+    if (req.method == "PURGE") {
+        if (req.http.x-purge-token != "PURGE_NOW") {
+            return(synth(405));
+        }
+        return (purge);
+    }
 }

 sub vcl_backend_response {
```

Dans la vraie vie, vous restreindriez probablement plutôt par IPs comme décrit dans la *documentation de Varnish*[3].

Purgez quelques URLs maintenant :

```
$ curl -X PURGE -H 'x-purge-token PURGE_NOW' `symfony env:urls --first`
$ curl -X PURGE -H 'x-purge-token PURGE_NOW' `symfony env:urls --
first` conference_header
```

Les URLs semblent un peu étranges parce que celles renvoyées par env:urls se terminent déjà par /.

 ## Aller plus loin

- *Cloudflare*[4], la plate-forme cloud globale ;
- *Documentation du cache HTTP de Varnish*[5] ;
- *Spécifications ESI*[6] *et ressources ESI*[7] ;
- *Modèle de validation de cache HTTP*[8] ;
- *HTTP Cache in SymfonyCloud*[9].

3. https://varnish-cache.org/docs/trunk/users-guide/purging.html
4. https://www.cloudflare.com
5. https://varnish-cache.org/docs/index.html
6. https://www.w3.org/TR/esi-lang
7. https://www.akamai.com/us/en/support/esi.jsp
8. https://symfony.com/doc/current/http_cache/validation.html
9. https://symfony.com/doc/current/cloud/cookbooks/cache.html

# Étape 22
# Styliser l'interface avec Webpack

Nous n'avons pas encore travaillé sur la conception de l'interface. Pour styliser comme un pro, nous utiliserons une stack moderne, basée sur *Webpack*[1]. Et pour ajouter une touche de Symfony et faciliter son intégration avec l'application, installons *Webpack Encore* :

```
$ symfony composer req encore
```

Un environnement Webpack complet a été créé pour vous : les fichiers `package.json` et `webpack.config.js` ont été générés avec une bonne configuration par défaut. Ouvrez `webpack.config.js`, il utilise l'abstraction Encore pour configurer Webpack.

Le fichier `package.json` définit des commandes très pratiques que nous utiliserons sans arrêt.

Le répertoire `assets` contient les principaux points d'entrée des *assets* du projet : `styles/app.css` et `app.js`.

---

1. https://webpack.js.org/

## 22.1 Utiliser Sass

Au lieu de se contenter simplement de CSS, nous utiliserons *Sass*[2] :

```
$ mv assets/styles/app.css assets/styles/app.scss
```

```
--- a/assets/app.js
+++ b/assets/app.js
@@ -6,7 +6,7 @@
   */

   // any CSS you import will output into a single css file (app.css in this
case)
-import './styles/app.css';
+import './styles/app.scss';

   // Need jQuery? Install it with "yarn add jquery", then uncomment to import
it.
   // import $ from 'jquery';
```

Installez le *loader* Sass :

```
$ yarn add node-sass sass-loader --dev
```

Et activez-le dans webpack :

```
--- a/webpack.config.js
+++ b/webpack.config.js
@@ -54,7 +54,7 @@ Encore
     })

     // enables Sass/SCSS support
-    //.enableSassLoader()
+    .enableSassLoader()

     // uncomment if you use TypeScript
     //.enableTypeScriptLoader()
```

Comment savoir quels paquets installer ? Si nous avions essayé de générer nos *assets* sans ceux-ci, Encore nous aurait donné un joli message d'erreur suggérant la commande `yarn add` à exécuter pour installer les dépendances servant à charger les fichiers `.scss`.

---

2. https://sass-lang.com/

## 22.2 Tirer parti de Bootstrap

Pour commencer avec de bonnes bases et construire un site web *responsive*, un framework CSS comme *Bootstrap*[3] sera très utile. Installez-le comme paquet :

```
$ yarn add bootstrap jquery popper.js bs-custom-file-input --dev
```

Ajoutez Bootstrap dans le fichier CSS (nous avons aussi nettoyé le fichier) :

```
--- a/assets/styles/app.scss
+++ b/assets/styles/app.scss
@@ -1,3 +1 @@
-body {
-    background-color: lightgray;
-}
+@import '~bootstrap/scss/bootstrap';
```

Faites de même pour le fichier JS :

```
--- a/assets/app.js
+++ b/assets/app.js
@@ -7,8 +7,7 @@

 // any CSS you import will output into a single css file (app.css in this case)
 import './styles/app.scss';
+import 'bootstrap';
+import bsCustomFileInput from 'bs-custom-file-input';

-// Need jQuery? Install it with "yarn add jquery", then uncomment to import it.
-// import $ from 'jquery';
-
-console.log('Hello Webpack Encore! Edit me in assets/app.js');
+bsCustomFileInput.init();
```

Le système de formulaire de Symfony supporte Bootstrap nativement avec un thème spécial. Activez-le :

*config/packages/twig.yaml*
```
twig:
    form_themes: ['bootstrap_4_layout.html.twig']
```

---

3. https://getbootstrap.com/

## 22.3 Styliser le HTML

Nous pouvons maintenant styliser l'application. Téléchargez et extrayez l'archive à la racine du projet :

```
$ php -r "copy('https://symfony.com/uploads/assets/guestbook-5.0.zip',
'guestbook-5.0.zip');"
$ unzip -o guestbook-5.0.zip
$ rm guestbook-5.0.zip
```

Jetez un coup d'œil aux templates, vous pourriez apprendre un truc ou deux sur Twig.

## 22.4 Générer les assets

Il y a une différence majeure quand on utilise Webpack : les fichiers CSS et JS ne sont pas utilisables directement par l'application. Ils doivent d'abord être « compilés ».

En développement, la compilation des ressources peut se faire avec la commande encore dev :

```
$ symfony run yarn encore dev
```

Au lieu d'exécuter la commande chaque fois qu'il y a une modification, exécutez-la en arrière-plan et laissez-la surveiller les changements des fichiers JS et CSS :

```
$ symfony run -d yarn encore dev --watch
```

Prenez le temps de découvrir les modifications visuelles. Jetez un coup d'œil au nouveau design dans un navigateur.

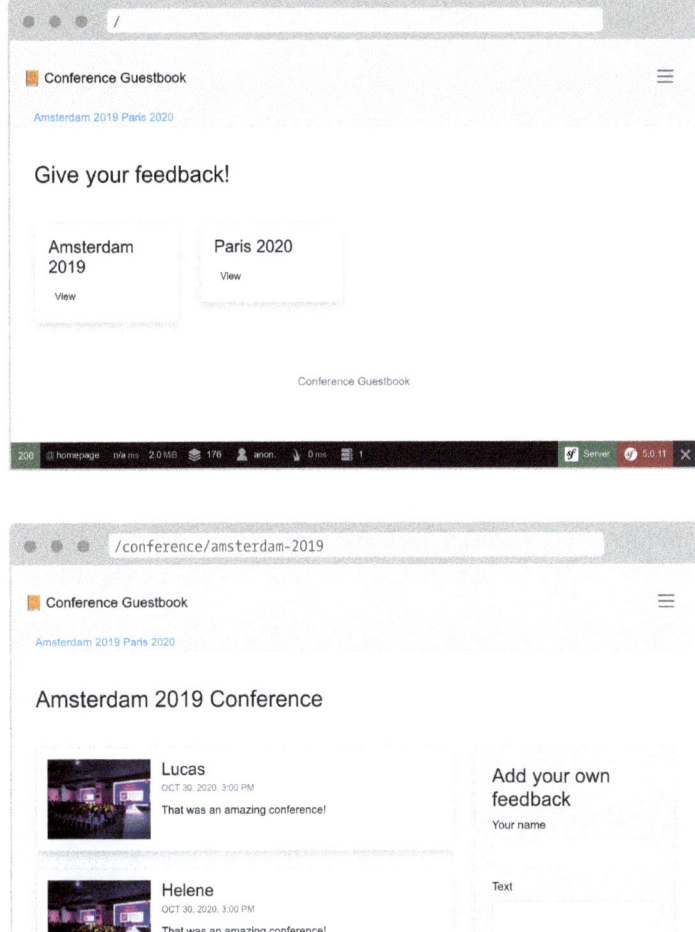

Étant donné que le *Maker Bundle* utilise les classes CSS de Bootstrap par défaut, le formulaire de connexion précédemment généré est maintenant automatiquement stylisé :

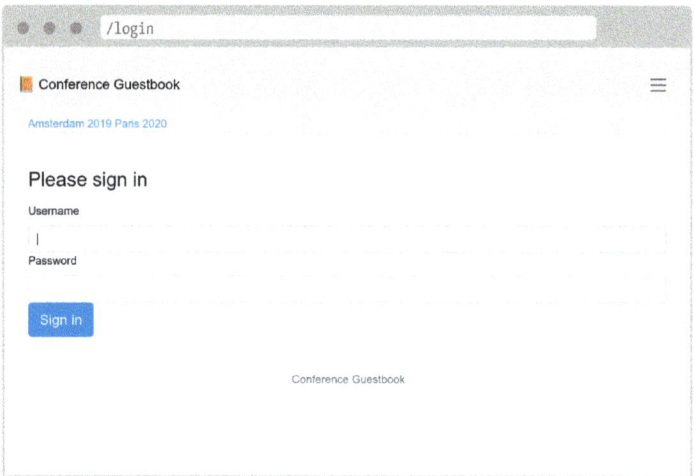

En production, SymfonyCloud détecte automatiquement que vous utilisez Encore et compile les ressources pour vous pendant la phase de *build*.

 **Aller plus loin**

- *Documentation Webpack[4]* ;
- *Documentation Symfony Webpack Encore[5]* ;
- *Tutoriel SymfonyCasts sur Webpack Encore[6].*

---

4. https://webpack.js.org/concepts/
5. https://symfony.com/doc/current/frontend.html
6. https://symfonycasts.com/screencast/webpack-encore

# Étape 23

# Redimensionner des images

Dans le rendu de la page d'une conférence, les photos sont limitées à une taille maximale de 200 x 150 pixels. Ne faudrait-il pas optimiser les images, et réduire leur taille, si l'image originale est plus grande que celle qui est affichée ?

C'est une tâche idéale pour être ajoutée au workflow des commentaires, probablement juste après la validation du commentaire, et juste avant sa publication.

Ajoutons un nouvel état **ready** et une transition **optimize** :

```diff
--- a/config/packages/workflow.yaml
+++ b/config/packages/workflow.yaml
@@ -16,6 +16,7 @@ framework:
                - potential_spam
                - spam
                - rejected
+              - ready
               - published
           transitions:
               accept:
@@ -29,13 +30,16 @@ framework:
                   to:    spam
               publish:
                   from: potential_spam
-                  to:    published
+                  to:    ready
               reject:
                   from: potential_spam
                   to:    rejected
               publish_ham:
```

```
            from: ham
-            to:   published
+            to:   ready
         reject_ham:
            from: ham
            to:   rejected
+        optimize:
+            from: ready
+            to:   published
```

Générez une représentation visuelle de la nouvelle configuration du workflow pour valider qu'elle décrit ce que nous voulons :

```
$ symfony console workflow:dump comment | dot -Tpng -o workflow.png
```

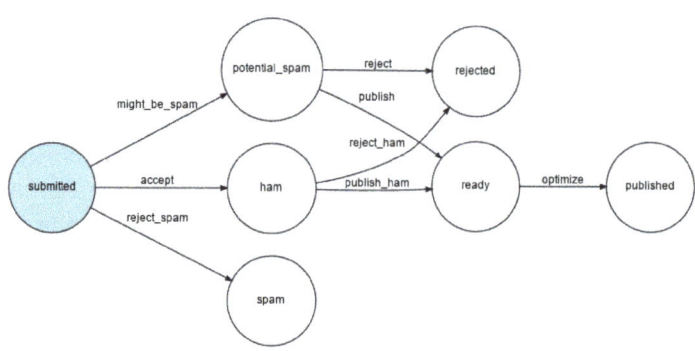

# 23.1 Optimiser les images avec Imagine

L'optimisation des images se fera grâce à $GD$[1] (vérifiez que l'extension GD est activée dans votre installation locale de PHP) et *Imagine*[2] :

```
$ symfony composer req "imagine/imagine:^1.2"
```

Le redimensionnement d'une image peut être effectué via la classe de service suivante :

*src/ImageOptimizer.php*
```
namespace App;

use Imagine\Gd\Imagine;
use Imagine\Image\Box;
```

---

1. https://libgd.github.io/
2. https://github.com/avalanche123/Imagine

```php
class ImageOptimizer
{
    private const MAX_WIDTH = 200;
    private const MAX_HEIGHT = 150;

    private $imagine;

    public function __construct()
    {
        $this->imagine = new Imagine();
    }

    public function resize(string $filename): void
    {
        list($iwidth, $iheight) = getimagesize($filename);
        $ratio = $iwidth / $iheight;
        $width = self::MAX_WIDTH;
        $height = self::MAX_HEIGHT;
        if ($width / $height > $ratio) {
            $width = $height * $ratio;
        } else {
            $height = $width / $ratio;
        }

        $photo = $this->imagine->open($filename);
        $photo->resize(new Box($width, $height))->save($filename);
    }
}
```

Après avoir optimisé la photo, nous stockons le nouveau fichier à la place de l'original. Par contre, vous voudrez peut-être garder l'image originale.

# 23.2 Ajouter une nouvelle étape au workflow

Modifiez le workflow pour gérer le nouvel état :

```diff
--- a/src/MessageHandler/CommentMessageHandler.php
+++ b/src/MessageHandler/CommentMessageHandler.php
@@ -2,6 +2,7 @@

 namespace App\MessageHandler;

+use App\ImageOptimizer;
 use App\Message\CommentMessage;
 use App\Repository\CommentRepository;
 use App\SpamChecker;
@@ -21,10 +22,12 @@ class CommentMessageHandler implements
MessageHandlerInterface
     private $bus;
     private $workflow;
     private $mailer;
```

```
+    private $imageOptimizer;
     private $adminEmail;
+    private $photoDir;
     private $logger;

-    public function __construct(EntityManagerInterface $entityManager,
SpamChecker $spamChecker, CommentRepository $commentRepository,
MessageBusInterface $bus, WorkflowInterface $commentStateMachine,
MailerInterface $mailer, string $adminEmail, LoggerInterface $logger = null)
+    public function __construct(EntityManagerInterface $entityManager,
SpamChecker $spamChecker, CommentRepository $commentRepository,
MessageBusInterface $bus, WorkflowInterface $commentStateMachine,
MailerInterface $mailer, ImageOptimizer $imageOptimizer, string $adminEmail,
string $photoDir, LoggerInterface $logger = null)
     {
         $this->entityManager = $entityManager;
         $this->spamChecker = $spamChecker;
@@ -32,7 +35,9 @@ class CommentMessageHandler implements
MessageHandlerInterface
         $this->bus = $bus;
         $this->workflow = $commentStateMachine;
         $this->mailer = $mailer;
+        $this->imageOptimizer = $imageOptimizer;
         $this->adminEmail = $adminEmail;
+        $this->photoDir = $photoDir;
         $this->logger = $logger;
     }

@@ -64,6 +69,12 @@ class CommentMessageHandler implements
MessageHandlerInterface
                 ->to($this->adminEmail)
                 ->context(['comment' => $comment])
             );
+        } elseif ($this->workflow->can($comment, 'optimize')) {
+            if ($comment->getPhotoFilename()) {
+                $this->imageOptimizer->resize($this->photoDir.'/'.$comment-
>getPhotoFilename());
+            }
+            $this->workflow->apply($comment, 'optimize');
+            $this->entityManager->flush();
         } elseif ($this->logger) {
             $this->logger->debug('Dropping comment message', ['comment' =>
$comment->getId(), 'state' => $comment->getState()]);
         }
```

Notez que $photoDir est automatiquement injecté parce que nous avons
défini une *liaison* (bind) de conteneur sur ce nom de variable lors d'une
étape précédente :

*config/packages/services.yaml*
```
services:
    _defaults:
        bind:
            $photoDir: "%kernel.project_dir%/public/uploads/photos"
```

## 23.3 Enregistrer des données uploadées en production

Nous avons déjà défini un dossier en lecture-écriture dédié pour les fichiers uploadés dans `.symfony.cloud.yaml`. Mais le montage étant local, nous devons créer un *service de fichiers*, afin que le conteneur web et le *message consumer worker* puissent accéder au même support :

```
--- a/.symfony/services.yaml
+++ b/.symfony/services.yaml
@@ -19,3 +19,7 @@ varnish:
        vcl: !include
            type: string
            path: config.vcl
+
+files:
+    type: network-storage:1.0
+    disk: 256
```

Utilisez-le pour le dossier d'upload des photos :

```
--- a/.symfony.cloud.yaml
+++ b/.symfony.cloud.yaml
@@ -41,7 +41,7 @@ web:

  mounts:
      "/var": { source: local, source_path: var }
-     "/public/uploads": { source: local, source_path: uploads }
+     "/public/uploads": { source: service, service: files, source_path:
uploads }

  hooks:
      build: |
```

Cela devrait suffire pour faire fonctionner la fonctionnalité en production.

# Étape 24

# Exécuter des crons

Les crons sont utiles pour les tâches de maintenance. Contrairement aux *workers*, ils travaillent selon un horaire établi pour une courte période de temps.

## 24.1 Nettoyer les commentaires

Les commentaires marqués comme spam ou refusés par l'admin sont conservés dans la base de données, car l'admin peut vouloir les inspecter pendant un certain temps. Mais ils devraient probablement être supprimés au bout d'un moment. Les garder pendant une semaine après leur création devrait être suffisant.

Créez des méthodes utilitaires dans le repository des commentaires pour trouver les commentaires rejetés, les compter et les supprimer :

```
--- a/src/Repository/CommentRepository.php
+++ b/src/Repository/CommentRepository.php
@@ -6,6 +6,7 @@ use App\Entity\Comment;
 use App\Entity\Conference;
 use Doctrine\Bundle\DoctrineBundle\Repository\ServiceEntityRepository;
 use Doctrine\Persistence\ManagerRegistry;
+use Doctrine\ORM\QueryBuilder;
 use Doctrine\ORM\Tools\Pagination\Paginator;

 /**
@@ -16,6 +17,8 @@ use Doctrine\ORM\Tools\Pagination\Paginator;
  */
```

```
  class CommentRepository extends ServiceEntityRepository
  {
+     private const DAYS_BEFORE_REJECTED_REMOVAL = 7;
+
      public const PAGINATOR_PER_PAGE = 2;

      public function __construct(ManagerRegistry $registry)
@@ -23,6 +26,29 @@ class CommentRepository extends ServiceEntityRepository
          parent::__construct($registry, Comment::class);
      }

+     public function countOldRejected(): int
+     {
+         return $this->getOldRejectedQueryBuilder()->select('COUNT(c.id)')-
>getQuery()->getSingleScalarResult();
+     }
+
+     public function deleteOldRejected(): int
+     {
+         return $this->getOldRejectedQueryBuilder()->delete()->getQuery()-
>execute();
+     }
+
+     private function getOldRejectedQueryBuilder(): QueryBuilder
+     {
+         return $this->createQueryBuilder('c')
+             ->andWhere('c.state = :state_rejected or c.state = :state_spam')
+             ->andWhere('c.createdAt < :date')
+             ->setParameters([
+                 'state_rejected' => 'rejected',
+                 'state_spam' => 'spam',
+                 'date' => new \DateTime(-self::DAYS_BEFORE_REJECTED_REMOVAL.'
days'),
+             ])
+         ;
+     }
+
      public function getCommentPaginator(Conference $conference, int $offset):
Paginator
      {
          $query = $this->createQueryBuilder('c')
```

 Pour les requêtes plus complexes, il est parfois utile de jeter un coup d'œil aux requêtes SQL générées (elles se trouvent dans les logs et dans le profileur de requêtes web).

## 24.2 Utiliser des constantes de classe, des paramètres de conteneur et des variables d'environnement

7 jours ? Nous aurions pu choisir un autre chiffre, pourquoi pas 10 ou

20 ? Ce nombre pourrait évoluer avec le temps. Nous avons décidé de le stocker en tant que constante dans la classe, mais nous aurions peut-être pu le stocker en tant que paramètre dans le conteneur, ou même le définir en tant que variable d'environnement.

Voici quelques règles de base pour décider quelle abstraction utiliser :

- Si la valeur est sensible (mots de passe, jetons API, etc.), utilisez le *stockage de chaîne secrète* de Symfony ou un Vault ;

- Si la valeur est dynamique et que vous devriez pouvoir la modifier *sans* redéployer, utilisez une *variable d'environnement* ;

- Si la valeur peut être différente d'un environnement à l'autre, utilisez un *paramètre de conteneur* ;

- Pour tout le reste, stockez la valeur dans le code, comme dans une *constante de classe*.

## 24.3 Créer une commande de console

Supprimer les anciens commentaires est une tâche idéale pour un *cron job*. Il faut le faire de façon régulière, et un petit retard n'a pas d'impact majeur.

Créez une commande nommée `app:comment:cleanup` en créant un fichier `src/Command/CommentCleanupCommand.php` :

*src/Command/CommentCleanupCommand.php*
```php
namespace App\Command;

use App\Repository\CommentRepository;
use Symfony\Component\Console\Command\Command;
use Symfony\Component\Console\Input\InputInterface;
use Symfony\Component\Console\Input\InputOption;
use Symfony\Component\Console\Output\OutputInterface;
use Symfony\Component\Console\Style\SymfonyStyle;

class CommentCleanupCommand extends Command
{
    private $commentRepository;

    protected static $defaultName = 'app:comment:cleanup';

    public function __construct(CommentRepository $commentRepository)
    {
        $this->commentRepository = $commentRepository;

        parent::__construct();
    }
```

```
    protected function configure()
    {
        $this
            ->setDescription('Deletes rejected and spam comments from the
database')
            ->addOption('dry-run', null, InputOption::VALUE_NONE, 'Dry run')
        ;
    }

    protected function execute(InputInterface $input, OutputInterface
$output): int
    {
        $io = new SymfonyStyle($input, $output);

        if ($input->getOption('dry-run')) {
            $io->note('Dry mode enabled');

            $count = $this->commentRepository->countOldRejected();
        } else {
            $count = $this->commentRepository->deleteOldRejected();
        }

        $io->success(sprintf('Deleted "%d" old rejected/spam comments.',
$count));

        return 0;
    }
}
```

Toutes les commandes de l'application sont enregistrées avec les commandes par défaut de Symfony, et sont toutes accessibles avec `symfony console`. Comme le nombre de commandes disponibles peut être important, vous devez les mettre dans le bon *namespace*. Par convention, les commandes spécifiques à l'application devraient être stockées sous le namespace `app`. Ajoutez autant de sous-namespaces que vous le souhaitez en les séparant par deux points (:).

Une commande reçoit l'*entrée* (les arguments et les options passés à la commande) et vous pouvez utiliser la *sortie* pour écrire dans la console.

Nettoyez la base de données en exécutant la commande :

```
$ symfony console app:comment:cleanup
```

## 24.4 Configurer un cron sur SymfonyCloud

L'un des avantages de SymfonyCloud est qu'une bonne partie de la configuration est stockée dans un seul fichier : `.symfony.cloud.yaml`. Le conteneur web, les *workers* et les *cron jobs* sont décrits au même endroit pour faciliter la maintenance :

```
--- a/.symfony.cloud.yaml
+++ b/.symfony.cloud.yaml
@@ -56,6 +56,15 @@ hooks:

        (>&2 symfony-deploy)

+crons:
+    comment_cleanup:
+        # Cleanup every night at 11.50 pm (UTC).
+        spec: '50 23 * * *'
+        cmd: |
+            if [ "$SYMFONY_BRANCH" = "master" ]; then
+                croncape symfony console app:comment:cleanup
+            fi
+
 workers:
    messages:
        commands:
```

La section `crons` définit tous les *cron jobs*. Chaque cron fonctionne selon un planning spécifique (`spec`).

L'utilitaire `croncape` surveille l'exécution de la commande et envoie un email aux adresses définies dans la variable d'environnement `MAILTO` si la commande retourne un code de sortie différent de `0`.

Configurez la variable d'environnement `MAILTO` :

```
$ symfony var:set MAILTO=ops@example.com
```

Vous pouvez forcer un cron à s'exécuter depuis votre machine locale :

```
$ symfony cron comment_cleanup
```

Notez que les crons sont installés sur toutes les branches de SymfonyCloud. Si vous ne voulez pas en exécuter sur des environnements hors production, vérifiez la variable d'environnement `$SYMFONY_BRANCH` :

```
if [ "$SYMFONY_BRANCH" = "master" ]; then
    croncape symfony app:invoices:send
fi
```

## Aller plus loin

- *Syntaxe cron/crontab[1] ;*
- *Dépôt de croncape[2] ;*
- *Commandes de la console Symfony[3] ;*
- *La cheat sheet de la console Symfony[4].*

---

1. https://en.wikipedia.org/wiki/Cron
2. https://github.com/symfonycorp/croncape
3. https://symfony.com/doc/current/console.html
4. https://github.com/andreia/symfony-cheat-sheets/blob/master/Symfony4/console_en_42.pdf

Étape 25

# Notifier à tout prix

L'application Livre d'or recueille les retours sur les conférences. Mais nous, de notre côté, quels retours donnons-nous aux internautes ?

Comme les commentaires sont modérés, il leur est difficile de comprendre pourquoi ils ne sont pas publiés instantanément. Ils pourraient même avoir envie de les soumettre à nouveau, en pensant qu'il y a eu des problèmes techniques. Ce serait génial de donner un retour après avoir posté un commentaire.

De plus, nous devrions probablement les notifier lorsque leurs commentaires auront été publiés. Nous leur demandons leur adresse email, alors autant l'utiliser.

Il y a plusieurs façons d'envoyer des notifications. L'email est le premier support auquel vous pouvez penser, mais les notifications dans l'application web sont une autre possibilité. On pourrait même penser à envoyer des SMS ou à poster un message sur Slack ou Telegram. Les options sont nombreuses.

Le composant *Symfony Notifier* propose de nombreuses stratégies de notification :

```
$ symfony composer req notifier
```

## 25.1 Envoyez des notifications d'application web dans

# le navigateur

Dans un premier temps, avertissons les internautes que les commentaires sont modérés directement dans le navigateur après leur soumission :

```
--- a/src/Controller/ConferenceController.php
+++ b/src/Controller/ConferenceController.php
@@ -14,6 +14,8 @@ use Symfony\Component\HttpFoundation\File\Exception\
FileException;
 use Symfony\Component\HttpFoundation\Request;
 use Symfony\Component\HttpFoundation\Response;
 use Symfony\Component\Messenger\MessageBusInterface;
+use Symfony\Component\Notifier\Notification\Notification;
+use Symfony\Component\Notifier\NotifierInterface;
 use Symfony\Component\Routing\Annotation\Route;
 use Twig\Environment;

@@ -59,7 +61,7 @@ class ConferenceController extends AbstractController
     /**
      * @Route("/conference/{slug}", name="conference")
      */
-    public function show(Request $request, Conference $conference,
CommentRepository $commentRepository, string $photoDir): Response
+    public function show(Request $request, Conference $conference,
CommentRepository $commentRepository, NotifierInterface $notifier, string
$photoDir): Response
     {
         $comment = new Comment();
         $form = $this->createForm(CommentFormType::class, $comment);
@@ -88,9 +90,15 @@ class ConferenceController extends AbstractController

             $this->bus->dispatch(new CommentMessage($comment->getId(),
$context));

+            $notifier->send(new Notification('Thank you for the feedback;
your comment will be posted after moderation.', ['browser']));
+
             return $this->redirectToRoute('conference', ['slug' =>
$conference->getSlug()]);
         }

+        if ($form->isSubmitted()) {
+            $notifier->send(new Notification('Can you check your submission?
There are some problems with it.', ['browser']));
+        }
+
         $offset = max(0, $request->query->getInt('offset', 0));
         $paginator = $commentRepository->getCommentPaginator($conference,
$offset);
```

Le notifier *envoie* une *notification* aux *destinataires* via un *canal*.

Une notification a un sujet, un contenu facultatif et une importance.

Une notification est envoyée sur un ou plusieurs canaux en fonction de son importance. Vous pouvez envoyer des notifications urgentes par

SMS et des notifications régulières par email par exemple.

Pour les notifications par navigateur, nous n'avons pas de destinataires.

La notification par navigateur utilise des *messages flash* via la section *notification*. Nous devons les afficher en mettant à jour le template d'une conférence :

```
--- a/templates/conference/show.html.twig
+++ b/templates/conference/show.html.twig
@@ -3,6 +3,13 @@
 {% block title %}Conference Guestbook - {{ conference }}{% endblock %}

 {% block body %}
+    {% for message in app.flashes('notification') %}
+        <div class="alert alert-info alert-dismissible fade show">
+            {{ message }}
+            <button type="button" class="close" data-dismiss="alert" aria-
label="Close"><span aria-hidden="true">&times;</span></button>
+        </div>
+    {% endfor %}
+
    <h2 class="mb-5">
        {{ conference }} Conference
    </h2>
```

Les internautes seront maintenant prévenus que leurs commentaires sont modérés :

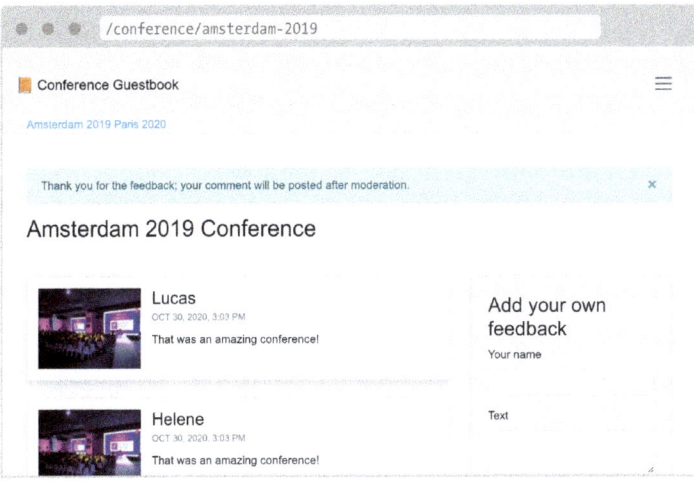

En prime, nous avons une belle notification en haut du site s'il y a une erreur de formulaire :

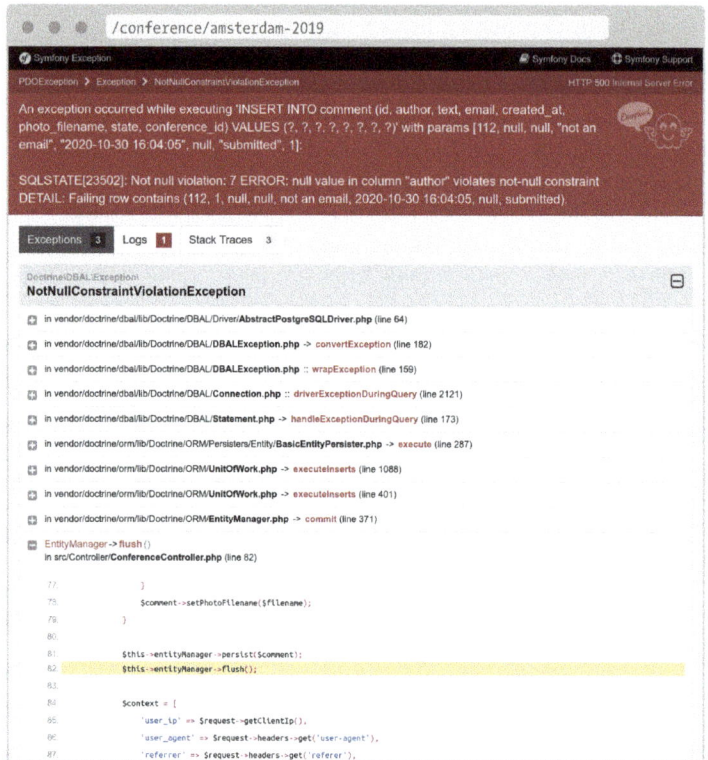

Les messages flash utilisent le système de *session HTTP* comme
support de stockage. La principale conséquence est que le cache
HTTP est désactivé, car le système de session doit être démarré
pour vérifier les messages.

C'est la raison pour laquelle nous avons ajouté le code pour les
messages flash dans le template `show.html.twig` et non dans le
template de base, car nous aurions perdu le cache HTTP pour la
page d'accueil.

## 25.2 Notifier les admins par email

Au lieu d'envoyer un email via `MailerInterface` pour avertir l'admin
qu'un commentaire vient d'être posté, utilisez le composant Notifier
dans le gestionnaire de messages :

```
--- a/src/MessageHandler/CommentMessageHandler.php
+++ b/src/MessageHandler/CommentMessageHandler.php
```

```diff
@@ -4,14 +4,14 @@ namespace App\MessageHandler;

 use App\ImageOptimizer;
 use App\Message\CommentMessage;
+use App\Notification\CommentReviewNotification;
 use App\Repository\CommentRepository;
 use App\SpamChecker;
 use Doctrine\ORM\EntityManagerInterface;
 use Psr\Log\LoggerInterface;
-use Symfony\Bridge\Twig\Mime\NotificationEmail;
-use Symfony\Component\Mailer\MailerInterface;
 use Symfony\Component\Messenger\Handler\MessageHandlerInterface;
 use Symfony\Component\Messenger\MessageBusInterface;
+use Symfony\Component\Notifier\NotifierInterface;
 use Symfony\Component\Workflow\WorkflowInterface;

 class CommentMessageHandler implements MessageHandlerInterface
@@ -21,22 +21,20 @@ class CommentMessageHandler implements
MessageHandlerInterface
     private $commentRepository;
     private $bus;
     private $workflow;
-    private $mailer;
+    private $notifier;
     private $imageOptimizer;
-    private $adminEmail;
     private $photoDir;
     private $logger;

-    public function __construct(EntityManagerInterface $entityManager,
SpamChecker $spamChecker, CommentRepository $commentRepository,
MessageBusInterface $bus, WorkflowInterface $commentStateMachine,
MailerInterface $mailer, ImageOptimizer $imageOptimizer, string $adminEmail,
string $photoDir, LoggerInterface $logger = null)
+    public function __construct(EntityManagerInterface $entityManager,
SpamChecker $spamChecker, CommentRepository $commentRepository,
MessageBusInterface $bus, WorkflowInterface $commentStateMachine,
NotifierInterface $notifier, ImageOptimizer $imageOptimizer, string $photoDir,
LoggerInterface $logger = null)
     {
         $this->entityManager = $entityManager;
         $this->spamChecker = $spamChecker;
         $this->commentRepository = $commentRepository;
         $this->bus = $bus;
         $this->workflow = $commentStateMachine;
-        $this->mailer = $mailer;
+        $this->notifier = $notifier;
         $this->imageOptimizer = $imageOptimizer;
-        $this->adminEmail = $adminEmail;
         $this->photoDir = $photoDir;
         $this->logger = $logger;
     }
@@ -62,13 +60,7 @@ class CommentMessageHandler implements
MessageHandlerInterface

             $this->bus->dispatch($message);
         } elseif ($this->workflow->can($comment, 'publish') || $this-
```

```
>workflow->can($comment, 'publish_ham')) {
-               $this->mailer->send((new NotificationEmail())
-                   ->subject('New comment posted')
-                   ->htmlTemplate('emails/comment_notification.html.twig')
-                   ->from($this->adminEmail)
-                   ->to($this->adminEmail)
-                   ->context(['comment' => $comment])
-               );
+               $this->notifier->send(new CommentReviewNotification($comment),
...$this->notifier->getAdminRecipients());
        } elseif ($this->workflow->can($comment, 'optimize')) {
            if ($comment->getPhotoFilename()) {
                $this->imageOptimizer->resize($this->photoDir.'/'.$comment-
>getPhotoFilename());
```

La méthode `getAdminRecipients()` retourne les destinataires admin tels que configurés dans la configuration du notifier ; mettez-la à jour maintenant pour ajouter votre propre adresse email :

```
--- a/config/packages/notifier.yaml
+++ b/config/packages/notifier.yaml
@@ -13,4 +13,4 @@ framework:
            medium: ['email']
            low: ['email']
        admin_recipients:
-           - { email: admin@example.com }
+           - { email:
"%env(string:default:default_admin_email:ADMIN_EMAIL)%" }
```

Maintenant, créez la classe `CommentReviewNotification` :

*src/Notification/CommentReviewNotification.php*

```php
namespace App\Notification;

use App\Entity\Comment;
use Symfony\Component\Notifier\Message\EmailMessage;
use Symfony\Component\Notifier\Notification\EmailNotificationInterface;
use Symfony\Component\Notifier\Notification\Notification;
use Symfony\Component\Notifier\Recipient\Recipient;

class CommentReviewNotification extends Notification implements
EmailNotificationInterface
{
    private $comment;

    public function __construct(Comment $comment)
    {
        $this->comment = $comment;

        parent::__construct('New comment posted');
    }

    public function asEmailMessage(Recipient $recipient, string $transport =
```

```
null): ?EmailMessage
    {
        $message = EmailMessage::fromNotification($this, $recipient,
$transport);
        $message->getMessage()
            ->htmlTemplate('emails/comment_notification.html.twig')
            ->context(['comment' => $this->comment])
        ;

        return $message;
    }
}
```

La méthode `asEmailMessage()` de `EmailNotificationInterface` est facultative, mais elle permet de personnaliser l'email.

L'un des avantages d'utiliser le Notifier plutôt que d'expédier l'email directement est que cela dissocie la notification du « canal » utilisé pour l'envoyer. Comme vous pouvez le constater, rien n'indique explicitement que la notification doit être envoyée par email.

Au lieu de cela, le canal est configuré dans `config/packages/notifier.yaml` en fonction de l'"*importance* de la notification (`low` par défaut) :

*config/packages/notifier.yaml*
```yaml
framework:
notifier:
    channel_policy:
        # use chat/slack, chat/telegram, sms/twilio or sms/nexmo
        urgent: ['email']
        high: ['email']
        medium: ['email']
        low: ['email']
```

Nous avons parlé des canaux `email` et `browser`. Voyons maintenant des cas plus sympas.

# 25.3 Discuter avec les admins

Soyons honnêtes, nous attendons tous des commentaires positifs. Ou au moins un retour constructif. Si quelqu'un poste un commentaire avec des mots comme « fantastique » ou « génial », nous pourrions vouloir les accepter plus rapidement que les autres.

Pour de tels messages, nous voulons recevoir une alerte sur un système de messagerie instantanée comme Slack ou Telegram, en plus de l'email normal.

Installez la prise en charge de Slack pour Symfony Notifier :

```
$ symfony composer req slack-notifier
```

Pour commencer, ajouter au DSN Slack un jeton d'accès Slack et l'identifiant du canal Slack sur lequel vous voulez envoyer des messages : slack://ACCESS_TOKEN@default?channel=CHANNEL.

Comme le jeton d'accès est sensible, stockez le DSN Slack avec vos autres chaînes secrètes :

```
$ symfony console secrets:set SLACK_DSN
```

Faites de même pour la production :

```
$ APP_ENV=prod symfony console secrets:set SLACK_DSN
```

Activez le support du chatter Slack :

```diff
--- a/config/packages/notifier.yaml
+++ b/config/packages/notifier.yaml
@@ -1,7 +1,7 @@
 framework:
     notifier:
-        #chatter_transports:
-        #    slack: '%env(SLACK_DSN)%'
+        chatter_transports:
+            slack: '%env(SLACK_DSN)%'
         #    telegram: '%env(TELEGRAM_DSN)%'
         #texter_transports:
         #    twilio: '%env(TWILIO_DSN)%'
```

Mettez à jour la classe Notification pour router les messages en fonction du contenu du texte du commentaire (une simple expression régulière fera l'affaire) :

```diff
--- a/src/Notification/CommentReviewNotification.php
+++ b/src/Notification/CommentReviewNotification.php
@@ -29,4 +29,15 @@ class CommentReviewNotification extends Notification
implements EmailNotificatio

         return $message;
     }
+
+    public function getChannels(Recipient $recipient): array
+    {
+        if (preg_match('{\b(great|awesome)\b}i', $this->comment->getText())) {
+            return ['email', 'chat/slack'];
+        }
+
+        $this->importance(Notification::IMPORTANCE_LOW);
```

```
+
+        return ['email'];
+    }
 }
```

Nous avons également changé l'importance des commentaires
« normaux », car ils modifient légèrement le design de l'email.

Et voilà, c'est fait ! Soumettez un commentaire avec « awesome » dans le
texte : vous devriez recevoir un message sur Slack.

Comme pour l'email, vous pouvez implémenter
ChatNotificationInterface pour remplacer le rendu par défaut du
message Slack :

```
--- a/src/Notification/CommentReviewNotification.php
+++ b/src/Notification/CommentReviewNotification.php
@@ -3,12 +3,17 @@
 namespace App\Notification;

 use App\Entity\Comment;
+use Symfony\Component\Notifier\Bridge\Slack\Block\SlackDividerBlock;
+use Symfony\Component\Notifier\Bridge\Slack\Block\SlackSectionBlock;
+use Symfony\Component\Notifier\Bridge\Slack\SlackOptions;
+use Symfony\Component\Notifier\Message\ChatMessage;
 use Symfony\Component\Notifier\Message\EmailMessage;
+use Symfony\Component\Notifier\Notification\ChatNotificationInterface;
 use Symfony\Component\Notifier\Notification\EmailNotificationInterface;
 use Symfony\Component\Notifier\Notification\Notification;
 use Symfony\Component\Notifier\Recipient\Recipient;

-class CommentReviewNotification extends Notification implements
EmailNotificationInterface
+class CommentReviewNotification extends Notification implements
EmailNotificationInterface, ChatNotificationInterface
 {
     private $comment;

@@ -30,6 +35,28 @@ class CommentReviewNotification extends Notification
implements EmailNotificatio
         return $message;
     }

+    public function asChatMessage(Recipient $recipient, string $transport =
null): ?ChatMessage
+    {
+        if ('slack' !== $transport) {
+            return null;
+        }
+
+        $message = ChatMessage::fromNotification($this, $recipient,
$transport);
+        $message->subject($this->getSubject());
+        $message->options((new SlackOptions())
```

```
+                ->iconEmoji('tada')
+                ->iconUrl('https://guestbook.example.com')
+                ->username('Guestbook')
+                ->block((new SlackSectionBlock())->text($this->getSubject()))
+                ->block(new SlackDividerBlock())
+                ->block((new SlackSectionBlock())
+                    ->text(sprintf('%s (%s) says: %s', $this->comment-
>getAuthor(), $this->comment->getEmail(), $this->comment->getText())))
+                )
+        );
+
+        return $message;
+    }
+

    public function getChannels(Recipient $recipient): array
    {
        if (preg_match('{\b(great|awesome)\b}i', $this->comment->getText())) {
```

C'est mieux, mais allons plus loin. Ne serait-il pas génial de pouvoir accepter ou rejeter un commentaire directement depuis Slack ?

Modifiez la notification pour accepter l'URL de validation et ajoutez deux boutons dans le message Slack :

```
--- a/src/Notification/CommentReviewNotification.php
+++ b/src/Notification/CommentReviewNotification.php
@@ -3,6 +3,7 @@
 namespace App\Notification;

 use App\Entity\Comment;
+use Symfony\Component\Notifier\Bridge\Slack\Block\SlackActionsBlock;
 use Symfony\Component\Notifier\Bridge\Slack\Block\SlackDividerBlock;
 use Symfony\Component\Notifier\Bridge\Slack\Block\SlackSectionBlock;
 use Symfony\Component\Notifier\Bridge\Slack\SlackOptions;
@@ -16,10 +17,12 @@ use Symfony\Component\Notifier\Recipient\Recipient;
 class CommentReviewNotification extends Notification implements
 EmailNotificationInterface, ChatNotificationInterface
 {
     private $comment;
+    private $reviewUrl;

-    public function __construct(Comment $comment)
+    public function __construct(Comment $comment, string $reviewUrl)
     {
         $this->comment = $comment;
+        $this->reviewUrl = $reviewUrl;

         parent::__construct('New comment posted');
     }
@@ -52,6 +55,10 @@ class CommentReviewNotification extends Notification
 implements EmailNotificatio
             ->block((new SlackSectionBlock())
                 ->text(sprintf('%s (%s) says: %s', $this->comment-
>getAuthor(), $this->comment->getEmail(), $this->comment->getText())))
                 )
```

```
+                    ->block((new SlackActionsBlock())
+                        ->button('Accept', $this->reviewUrl, 'primary')
+                        ->button('Reject', $this->reviewUrl.'?reject=1', 'danger')
+                    )
                );

            return $message;
```

Nous devons maintenant gérer les changements dans le sens inverse. Tout d'abord, mettez à jour le gestionnaire de message pour passer l'URL de validation :

```
--- a/src/MessageHandler/CommentMessageHandler.php
+++ b/src/MessageHandler/CommentMessageHandler.php
@@ -60,7 +60,8 @@ class CommentMessageHandler implements
MessageHandlerInterface

            $this->bus->dispatch($message);
        } elseif ($this->workflow->can($comment, 'publish') || $this-
>workflow->can($comment, 'publish_ham')) {
-            $this->notifier->send(new CommentReviewNotification($comment),
...$this->notifier->getAdminRecipients());
+            $notification = new CommentReviewNotification($comment, $message-
>getReviewUrl());
+            $this->notifier->send($notification, ...$this->notifier-
>getAdminRecipients());
        } elseif ($this->workflow->can($comment, 'optimize')) {
            if ($comment->getPhotoFilename()) {
                $this->imageOptimizer->resize($this->photoDir.'/'.$comment-
>getPhotoFilename());
```

Comme vous pouvez le voir, l'URL de validation devrait faire partie du message de commentaire. Ajoutons-la maintenant :

```
--- a/src/Message/CommentMessage.php
+++ b/src/Message/CommentMessage.php
@@ -5,14 +5,21 @@ namespace App\Message;
 class CommentMessage
 {
     private $id;
+    private $reviewUrl;
     private $context;

-    public function __construct(int $id, array $context = [])
+    public function __construct(int $id, string $reviewUrl, array $context =
[])
     {
         $this->id = $id;
+        $this->reviewUrl = $reviewUrl;
         $this->context = $context;
     }

+    public function getReviewUrl(): string
```

```
+    {
+        return $this->reviewUrl;
+    }
+
     public function getId(): int
     {
         return $this->id;
```

Enfin, modifiez les contrôleurs pour générer l'URL de validation et passez-la dans le constructeur du message de commentaire :

```
--- a/src/Controller/AdminController.php
+++ b/src/Controller/AdminController.php
@@ -12,6 +12,7 @@ use Symfony\Component\HttpFoundation\Response;
 use Symfony\Component\HttpKernel\KernelInterface;
 use Symfony\Component\Messenger\MessageBusInterface;
 use Symfony\Component\Routing\Annotation\Route;
+use Symfony\Component\Routing\Generator\UrlGeneratorInterface;
 use Symfony\Component\Workflow\Registry;
 use Twig\Environment;

@@ -51,7 +52,8 @@ class AdminController extends AbstractController
         $this->entityManager->flush();

         if ($accepted) {
-            $this->bus->dispatch(new CommentMessage($comment->getId()));
+            $reviewUrl = $this->generateUrl('review_comment', ['id' =>
$comment->getId()], UrlGeneratorInterface::ABSOLUTE_URL);
+            $this->bus->dispatch(new CommentMessage($comment->getId(),
$reviewUrl));
         }

         return $this->render('admin/review.html.twig', [
--- a/src/Controller/ConferenceController.php
+++ b/src/Controller/ConferenceController.php
@@ -17,6 +17,7 @@ use Symfony\Component\Messenger\MessageBusInterface;
 use Symfony\Component\Notifier\Notification\Notification;
 use Symfony\Component\Notifier\NotifierInterface;
 use Symfony\Component\Routing\Annotation\Route;
+use Symfony\Component\Routing\Generator\UrlGeneratorInterface;
 use Twig\Environment;

 class ConferenceController extends AbstractController
@@ -88,7 +89,8 @@ class ConferenceController extends AbstractController
                 'permalink' => $request->getUri(),
             ];

-            $this->bus->dispatch(new CommentMessage($comment->getId(),
$context));
+            $reviewUrl = $this->generateUrl('review_comment', ['id' =>
$comment->getId()], UrlGeneratorInterface::ABSOLUTE_URL);
+            $this->bus->dispatch(new CommentMessage($comment->getId(),
$reviewUrl, $context));

             $notifier->send(new Notification('Thank you for the feedback;
```

```
your comment will be posted after moderation.', ['browser']));
```

Le découplage de code implique des changements dans un plus grand nombre d'endroits, mais il facilite les tests, le raisonnement et la réutilisation.

Essayez encore une fois, le message devrait avoir une bonne tête maintenant :

## 25.4 Utiliser le mode asynchrone

Permettez-moi d'expliquer un petit problème que nous devrions régler. Pour chaque commentaire, nous recevons un email et un message Slack. Si le message Slack génère une erreur (mauvais identifiant de canal, mauvais jeton, etc.), le message sera renvoyé trois fois avant d'être rejeté. Mais comme l'email est envoyé en premier, nous recevrons trois emails et aucun message Slack. Une façon d'y remédier est d'envoyer les messages Slack de manière asynchrone comme les emails :

```
--- a/config/packages/messenger.yaml
+++ b/config/packages/messenger.yaml
@@ -20,3 +20,5 @@ framework:
            # Route your messages to the transports
            App\Message\CommentMessage: async
            Symfony\Component\Mailer\Messenger\SendEmailMessage: async
+           Symfony\Component\Notifier\Message\ChatMessage: async
+           Symfony\Component\Notifier\Message\SmsMessage: async
```

Dès que tout est asynchrone, les messages deviennent indépendants. Nous avons également activé les messages SMS asynchrones au cas où vous souhaiteriez recevoir les notifications sur votre téléphone.

## 25.5 Notifier les internautes par email

La dernière tâche consiste à notifier les internautes lorsque leur soumission est approuvée. Et si vous codiez cela vous même ?

 **Aller plus loin**

- *Messages flash Symfony*[1].

---

1. https://symfony.com/doc/current/controller.html#flash-messages

# Étape 26

# Exposer une API avec API Platform

Nous avons terminé la réalisation du site web du livre d'or. Maintenant, pour faciliter l'accès aux données, que diriez-vous d'exposer une API ? Une API pourrait être utilisée par une application mobile pour afficher toutes les conférences, leurs commentaires, et peut-être permettre la soumission de commentaires.

Dans cette étape, nous allons implémenter une API en lecture seule.

## 26.1 Installer API Platform

Exposer une API en écrivant du code est possible, mais si nous voulons utiliser des standards, nous ferions mieux d'utiliser une solution qui prend déjà en charge le gros du travail. Une solution comme API Platform :

```
$ symfony composer req api
```

## 26.2 Exposer une API pour les conférences

Quelques annotations sur la classe Conference suffisent pour configurer l'API :

```
--- a/src/Entity/Conference.php
+++ b/src/Entity/Conference.php
@@ -2,16 +2,25 @@

 namespace App\Entity;

+use ApiPlatform\Core\Annotation\ApiResource;
 use App\Repository\ConferenceRepository;
 use Doctrine\Common\Collections\ArrayCollection;
 use Doctrine\Common\Collections\Collection;
 use Doctrine\ORM\Mapping as ORM;
 use Symfony\Bridge\Doctrine\Validator\Constraints\UniqueEntity;
+use Symfony\Component\Serializer\Annotation\Groups;
 use Symfony\Component\String\Slugger\SluggerInterface;

 /**
  * @ORM\Entity(repositoryClass=ConferenceRepository::class)
  * @UniqueEntity("slug")
+ *
+ * @ApiResource(
+ *
collectionOperations={"get"={"normalization_context"={"groups"="conference:list"}}},
+ *
itemOperations={"get"={"normalization_context"={"groups"="conference:item"}}},
+ *     order={"year"="DESC", "city"="ASC"},
+ *     paginationEnabled=false
+ * )
  */
 class Conference
 {
@@ -19,21 +28,29 @@ class Conference
     * @ORM\Id
     * @ORM\GeneratedValue
     * @ORM\Column(type="integer")
+    *
+    * @Groups({"conference:list", "conference:item"})
     */
    private $id;

    /**
     * @ORM\Column(type="string", length=255)
+    *
+    * @Groups({"conference:list", "conference:item"})
     */
    private $city;

    /**
     * @ORM\Column(type="string", length=4)
+    *
+    * @Groups({"conference:list", "conference:item"})
     */
    private $year;

    /**
     * @ORM\Column(type="boolean")
```

```
+       *
+       * @Groups({"conference:list", "conference:item"})
        */
       private $isInternational;

@@ -44,6 +61,8 @@ class Conference

       /**
        * @ORM\Column(type="string", length=255, unique=true)
+       *
+       * @Groups({"conference:list", "conference:item"})
        */
       private $slug;
```

L'annotation principale `@ApiResource` configure l'API pour les conférences. Elle restreint les opérations possibles à `get` et configure différentes choses, comme par exemple, quels champs afficher et comment trier les conférences.

Par défaut, le point d'entrée principal de l'API est `/api`. Cette configuration a été ajoutée dans `config/routes/api_platform.yaml` par la recette du paquet.

Une interface web vous permet d'interagir avec l'API :

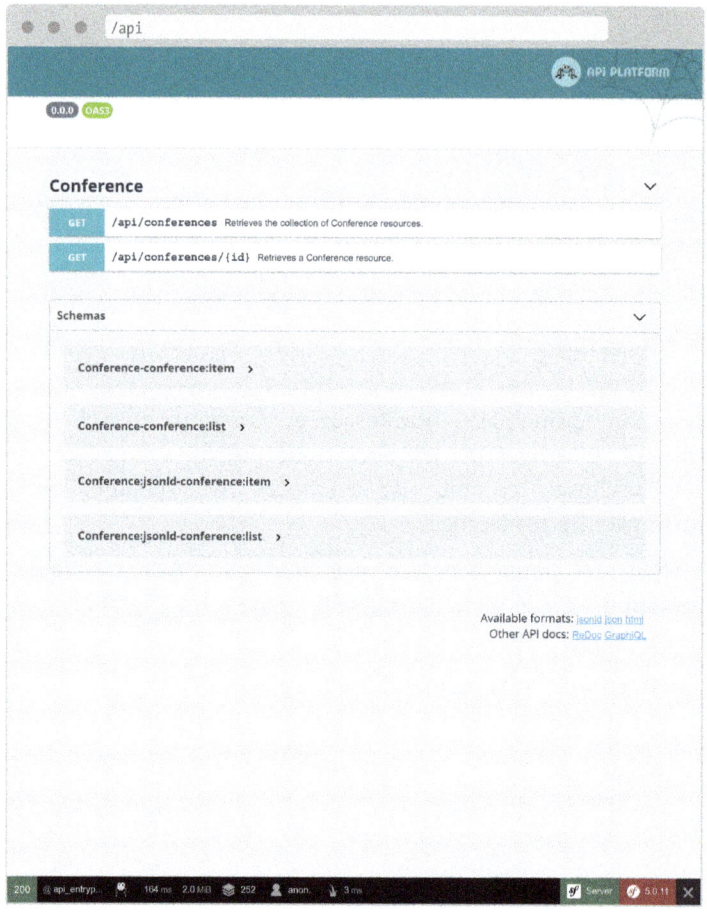

Utilisez-la pour tester les différentes possibilités :

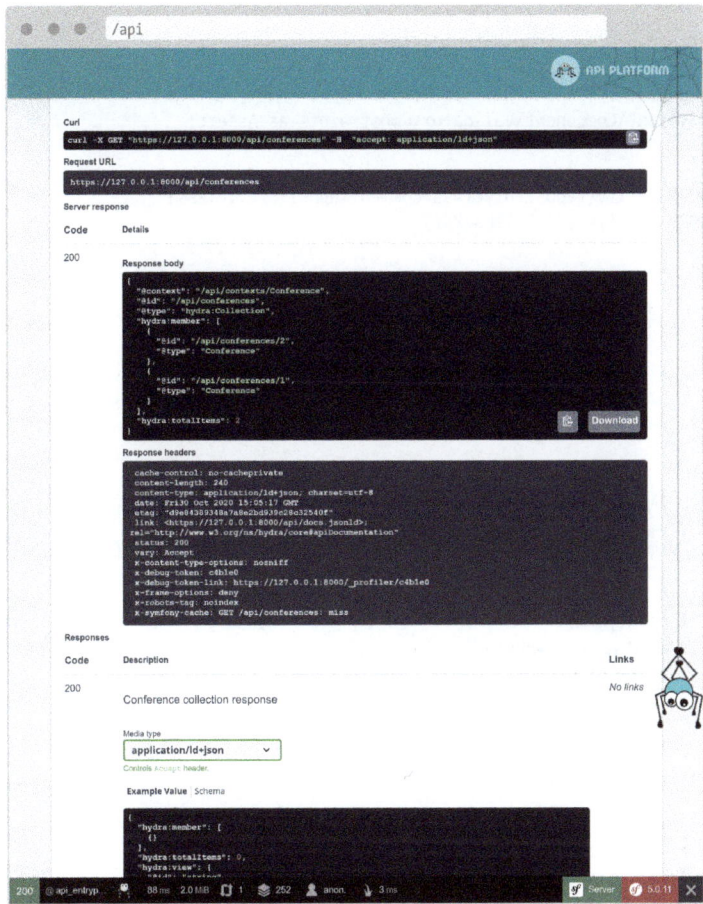

Imaginez le temps qu'il faudrait pour développer tout cela à partir de zéro !

# 26.3 Exposer une API pour les commentaires

Faites de même pour les commentaires :

```
--- a/src/Entity/Comment.php
+++ b/src/Entity/Comment.php
@@ -2,13 +2,26 @@

 namespace App\Entity;

+use ApiPlatform\Core\Annotation\ApiFilter;
+use ApiPlatform\Core\Annotation\ApiResource;
+use ApiPlatform\Core\Bridge\Doctrine\Orm\Filter\SearchFilter;
```

```
 use App\Repository\CommentRepository;
 use Doctrine\ORM\Mapping as ORM;
+use Symfony\Component\Serializer\Annotation\Groups;
 use Symfony\Component\Validator\Constraints as Assert;

 /**
  * @ORM\Entity(repositoryClass=CommentRepository::class)
  * @ORM\HasLifecycleCallbacks()
+ *
+ * @ApiResource(
+ *
collectionOperations={"get"={"normalization_context"={"groups"="comment:list"}}},
+ *
itemOperations={"get"={"normalization_context"={"groups"="comment:item"}}},
+ *     order={"createdAt"="DESC"},
+ *     paginationEnabled=false
+ * )
+ *
+ * @ApiFilter(SearchFilter::class, properties={"conference": "exact"})
  */
 class Comment
 {
@@ -16,18 +29,24 @@ class Comment
     * @ORM\Id
     * @ORM\GeneratedValue
     * @ORM\Column(type="integer")
+    *
+    * @Groups({"comment:list", "comment:item"})
     */
     private $id;

    /**
     * @ORM\Column(type="string", length=255)
     * @Assert\NotBlank
+    *
+    * @Groups({"comment:list", "comment:item"})
     */
     private $author;

    /**
     * @ORM\Column(type="text")
     * @Assert\NotBlank
+    *
+    * @Groups({"comment:list", "comment:item"})
     */
     private $text;

@@ -35,22 +54,30 @@ class Comment
     * @ORM\Column(type="string", length=255)
     * @Assert\NotBlank
     * @Assert\Email
+    *
+    * @Groups({"comment:list", "comment:item"})
     */
     private $email;

    /**
```

```
     * @ORM\Column(type="datetime")
+    *
+    * @Groups({"comment:list", "comment:item"})
     */
    private $createdAt;

    /**
     * @ORM\ManyToOne(targetEntity=Conference::class, inversedBy="comments")
     * @ORM\JoinColumn(nullable=false)
+    *
+    * @Groups({"comment:list", "comment:item"})
     */
    private $conference;

    /**
     * @ORM\Column(type="string", length=255, nullable=true)
+    *
+    * @Groups({"comment:list", "comment:item"})
     */
    private $photoFilename;
```

Le même type d'annotations est utilisé pour configurer la classe.

# 26.4 Filtrer les commentaires exposés par l'API

Par défaut, API Platform expose toutes les entrées de la base de données. Mais pour les commentaires, seuls ceux qui ont été publiés devraient apparaître dans l'API.

Lorsque vous avez besoin de filtrer les éléments retournés par l'API, créez un service qui implémente `QueryCollectionExtensionInterface` pour gérer la requête Doctrine utilisée pour les collections, et/ou `QueryItemExtensionInterface` pour gérer les éléments :

*src/Api/FilterPublishedCommentQueryExtension.php*

```php
namespace App\Api;

use ApiPlatform\Core\Bridge\Doctrine\Orm\Extension\
QueryCollectionExtensionInterface;
use ApiPlatform\Core\Bridge\Doctrine\Orm\Extension\QueryItemExtensionInterface;
use ApiPlatform\Core\Bridge\Doctrine\Orm\Util\QueryNameGeneratorInterface;
use App\Entity\Comment;
use Doctrine\ORM\QueryBuilder;

class FilterPublishedCommentQueryExtension implements
QueryCollectionExtensionInterface, QueryItemExtensionInterface
{
    public function applyToCollection(QueryBuilder $qb,
QueryNameGeneratorInterface $queryNameGenerator, string $resourceClass, string
$operationName = null)
```

```
    {
        if (Comment::class === $resourceClass) {
            $qb->andWhere(sprintf("%s.state = 'published'",
$qb->getRootAliases()[0]));
        }
    }
}

    public function applyToItem(QueryBuilder $qb, QueryNameGeneratorInterface
$queryNameGenerator, string $resourceClass, array $identifiers, string
$operationName = null, array $context = [])
    {
        if (Comment::class === $resourceClass) {
            $qb->andWhere(sprintf("%s.state = 'published'",
$qb->getRootAliases()[0]));
        }
    }
}
```

La classe d'extension de requête n'applique sa logique que pour la ressource Comment et modifie le query builder Doctrine pour ne considérer que les commentaires dans l'état published.

# 26.5 Configurer le CORS

Par défaut, la politique de sécurité de même origine des clients HTTP modernes interdit d'appeler l'API depuis un autre domaine. Le paquet CORS, installé par défaut avec composer req api, envoie des en-têtes de *Cross-Origin Resource Sharing* en fonction de la variable d'environnement CORS_ALLOW_ORIGIN.

Par défaut, sa valeur, définie par le fichier .env, autorise les requêtes HTTP depuis localhost et 127.0.0.1 sur n'importe quel port. C'est exactement ce dont nous avons besoin pour la prochaine étape, car nous allons créer une SPA qui aura son propre serveur web et qui appellera l'API.

 Aller plus loin

- *Tutoriel SymfonyCasts sur API Platform*[1] ;
- Pour activer la prise en charge de GraphQL, exécutez composer require webonyx/graphql-php, puis accédez à /api/graphql.

---

1. https://symfonycasts.com/screencast/api-platform

## Étape 27

# Créer une SPA (Single Page Application)

La plupart des commentaires seront soumis pendant les conférences, et certaines personnes n'y apportent pas leur ordinateur portable. Mais ils auront probablement leur téléphone. Pourquoi ne pas créer une application mobile permettant de lire rapidement les commentaires de la conférence ?

Une façon de créer une telle application mobile est de créer une Single Page Application (SPA) Javascript. Une SPA s'exécute localement, a accès au stockage local, peut faire des appels à des API HTTP distantes et peut s'appuyer sur les *service workers* pour créer une expérience presque native.

## 27.1 Créer l'application

Pour créer l'application mobile, nous allons utiliser *Preact*[1] et **Symfony Encore**. **Preact** est une petite base efficace convenant parfaitement à la SPA du livre d'or.

Afin de rendre le site web et la SPA uniforme, nous allons réutiliser les feuilles de style Sass du site web pour l'application mobile.

---

1. https://preactjs.com/

Créez la SPA dans le répertoire **spa** et copiez les feuilles de style du site web :

```
$ mkdir -p spa/src spa/public spa/assets/css
$ cp assets/css/*.scss spa/assets/css/
$ cd spa
```

 Nous avons créé un répertoire **public** car nous allons principalement interagir avec la SPA via un navigateur. Nous aurions pu le nommer **build** si nous avions voulu nous limiter à une application mobile.

Initialisez le fichier **package.json** (équivalent au fichier **composer.json** pour JavaScript) :

```
$ yarn init -y
```

Maintenant, ajoutez quelques dépendances requises :

```
$ yarn add @symfony/webpack-encore @babel/core @babel/preset-env babel-preset-preact preact html-webpack-plugin bootstrap
```

Pour bien faire les choses, créez un fichier **.gitignore** :

*.gitignore*
```
/node_modules
/public
/yarn-error.log
# used later by Cordova
/app
```

La dernière étape de configuration consiste à créer la configuration Webpack Encore :

*webpack.config.js*
```js
const Encore = require('@symfony/webpack-encore');
const HtmlWebpackPlugin = require('html-webpack-plugin');

Encore
    .setOutputPath('public/')
    .setPublicPath('/')
    .cleanupOutputBeforeBuild()
    .addEntry('app', './src/app.js')
    .enablePreactPreset()
    .enableSingleRuntimeChunk()
    .addPlugin(new HtmlWebpackPlugin({ template: 'src/index.ejs',
alwaysWriteToDisk: true }))
;
```

```
module.exports = Encore.getWebpackConfig();
```

## 27.2 Créer le template principal de la SPA

Il est temps de créer le template initial dans lequel Preact fera le rendu de l'application :

*src/index.ejs*
```
<!DOCTYPE html>
<html>
<head>
    <meta http-equiv="Content-Type" content="text/html; charset=utf-8" />
    <meta http-equiv="X-UA-Compatible" content="IE=edge" />
    <meta name="msapplication-tap-highlight" content="no" />
    <meta name="viewport" content="user-scalable=no, initial-scale=1, maximum-
scale=1, minimum-scale=1, width=device-width" />

    <title>Conference Guestbook application</title>
</head>
<body>
    <div id="app"></div>
</body>
</html>
```

JavaScript générera le rendu de l'application dans la balise `<div>`. Voici la première version du code qui affichera la vue « Hello World » :

*src/app.js*
```
import {h, render} from 'preact';

function App() {
    return (
        <div>
            Hello world!
        </div>
    )
}

render(<App />, document.getElementById('app'));
```

La dernière ligne enregistre la fonction `App()` sur l'élément `#app` de la page HTML.

Maintenant, tout est prêt !

## 27.3 Exécuter la SPA dans le navigateur web

Comme cette application est indépendante du site web principal, nous avons besoin d'un autre serveur web :

```
$ symfony server:start -d --passthru=index.html
```

L'option `--passthru` indique au serveur web de transmettre toutes les requêtes HTTP au fichier `public/index.html` (`public/` est le répertoire racine par défaut du serveur web). Cette page est gérée par l'application Preact et récupère la page à afficher via l'historique du « navigateur ».

Pour compiler les fichiers CSS **et JavaScript**, exécutez `yarn` :

```
$ yarn encore dev
```

Ouvrez la SPA dans un navigateur :

```
$ symfony open:local
```

Et contemplez notre SPA hello world :

## 27.4 Ajouter un routeur pour gérer les états

La SPA n'est actuellement pas en mesure de traiter plusieurs pages. Pour pouvoir les implémenter, nous avons besoin d'un routeur, comme pour Symfony. Nous allons utiliser **preact-router**. Il prend une URL en entrée et la fait correspondre à un composant Preact à afficher.

Installez preact-router :

```
$ yarn add preact-router
```

Créez une page pour l'accueil (un *composant Preact*) :

*src/pages/home.js*
```
import {h} from 'preact';

export default function Home() {
    return (
        <div>Home</div>
    );
};
```

Et une autre pour la page d'une conférence :

*src/pages/conference.js*
```
import {h} from 'preact';

export default function Conference() {
    return (
        <div>Conference</div>
    );
};
```

Remplacez le `div` « Hello World » par le composant `Router` :

```
--- a/src/app.js
+++ b/src/app.js
@@ -1,9 +1,22 @@
 import {h, render} from 'preact';
+import {Router, Link} from 'preact-router';
+
+import Home from './pages/home';
+import Conference from './pages/conference';

 function App() {
     return (
         <div>
-            Hello world!
+            <header>
+                <Link href="/">Home</Link>
+                <br />
+                <Link href="/conference/amsterdam2019">Amsterdam 2019</Link>
+            </header>
+
+            <Router>
```

```
+                    <Home path="/" />
+                    <Conference path="/conference/:slug" />
+              </Router>
           </div>
        )
   }
```

Rebuildez l'application :

```
$ yarn encore dev
```

Si vous rafraîchissez l'application dans le navigateur, vous pouvez maintenant cliquer sur les liens « Accueil » et conférence. Notez que l'URL du navigateur et les boutons précédent/suivant de votre navigateur fonctionnent normalement.

# 27.5 Styliser la SPA

Comme pour le site web, ajoutons le loader Sass :

```
$ yarn add node-sass sass-loader
```

Activez le loader Sass dans Webpack et ajoutez une référence à la feuille de style :

```
--- a/src/app.js
+++ b/src/app.js
@@ -1,3 +1,5 @@
+import '../assets/css/app.scss';
+
 import {h, render} from 'preact';
 import {Router, Link} from 'preact-router';

--- a/webpack.config.js
+++ b/webpack.config.js
@@ -7,6 +7,7 @@ Encore
     .cleanupOutputBeforeBuild()
     .addEntry('app', './src/app.js')
     .enablePreactPreset()
+    .enableSassLoader()
     .enableSingleRuntimeChunk()
     .addPlugin(new HtmlWebpackPlugin({ template: 'src/index.ejs',
alwaysWriteToDisk: true }))
   ;
```

Nous pouvons désormais mettre à jour l'application pour utiliser les feuilles de style :

```
--- a/src/app.js
+++ b/src/app.js
@@ -9,10 +9,20 @@ import Conference from './pages/conference';
 function App() {
     return (
         <div>
-            <header>
-                <Link href="/">Home</Link>
-                <br />
-                <Link href="/conference/amsterdam2019">Amsterdam 2019</Link>
+            <header className="header">
+                <nav className="navbar navbar-light bg-light">
+                    <div className="container">
+                        <Link className="navbar-brand mr-4 pr-2" href="/">
+                            &#128217; Guestbook
+                        </Link>
+                    </div>
+                </nav>
+
+                <nav className="bg-light border-bottom text-center">
+                    <Link className="nav-conference" href="/conference/
amsterdam2019">
+                        Amsterdam 2019
+                    </Link>
+                </nav>
             </header>

             <Router>
```

Rebuildez encore l'application :

```
$ yarn encore dev
```

Vous pouvez à présent profiter d'une SPA entièrement stylisée :

## 27.6 Récupérer les données depuis l'API

La structure de l'application Preact est maintenant terminée : Preact Router gère les états de la page, incluant le slug des conférences dans l'URL, et la feuille de style principale de l'application est utilisée pour styliser la SPA.

Pour rendre la SPA dynamique, nous avons besoin de récupérer les données de l'API via des appels HTTP.

Configurez Webpack pour exposer la variable d'environnement contenant le point d'entrée de l'API :

```
--- a/webpack.config.js
+++ b/webpack.config.js
@@ -1,3 +1,4 @@
+const webpack = require('webpack');
 const Encore = require('@symfony/webpack-encore');
 const HtmlWebpackPlugin = require('html-webpack-plugin');

@@ -10,6 +11,9 @@ Encore
     .enableSassLoader()
     .enableSingleRuntimeChunk()
     .addPlugin(new HtmlWebpackPlugin({ template: 'src/index.ejs',
alwaysWriteToDisk: true }))
+    .addPlugin(new webpack.DefinePlugin({
+        'ENV_API_ENDPOINT': JSON.stringify(process.env.API_ENDPOINT),
+    }))
 ;
```

```
module.exports = Encore.getWebpackConfig();
```

La variable d'environnement `API_ENDPOINT` doit pointer vers le serveur du site web où nous hébergeons le point d'entrée de l'API, `/api`. Nous le configurerons correctement plus tard quand nous exécuterons `yarn encore`.

Créez un fichier `api.js` qui abstrait la récupération des données de l'API :

*src/api/api.js*
```
function fetchCollection(path) {
    return fetch(ENV_API_ENDPOINT + path).then(resp => resp.json()).then(json
=> json['hydra:member']);
}

export function findConferences() {
    return fetchCollection('api/conferences');
}

export function findComments(conference) {
    return fetchCollection('api/comments?conference='+conference.id);
}
```

Vous pouvez maintenant adapter l'en-tête et les composants de l'accueil :

```
--- a/src/app.js
+++ b/src/app.js
@@ -2,11 +2,23 @@ import '../assets/css/app.scss';

 import {h, render} from 'preact';
 import {Router, Link} from 'preact-router';
+import {useState, useEffect} from 'preact/hooks';

+import {findConferences} from './api/api';
 import Home from './pages/home';
 import Conference from './pages/conference';

 function App() {
+    const [conferences, setConferences] = useState(null);
+
+    useEffect(() => {
+        findConferences().then((conferences) => setConferences(conferences));
+    }, []);
+
+    if (conferences === null) {
+        return <div className="text-center pt-5">Loading...</div>;
+    }
+
     return (
         <div>
```

```
                <header className="header">
@@ -19,15 +31,17 @@ function App() {
                </nav>

                <nav className="bg-light border-bottom text-center">
-                    <Link className="nav-conference" href="/conference/
amsterdam2019">
-                        Amsterdam 2019
-                    </Link>
+                    {conferences.map((conference) => (
+                        <Link className="nav-conference"
href={'/conference/'+conference.slug}>
+                            {conference.city} {conference.year}
+                        </Link>
+                    ))}
                </nav>
            </header>

            <Router>
-                <Home path="/" />
-                <Conference path="/conference/:slug" />
+                <Home path="/" conferences={conferences} />
+                <Conference path="/conference/:slug"
conferences={conferences} />
            </Router>
        </div>
    )
--- a/src/pages/home.js
+++ b/src/pages/home.js
@@ -1,7 +1,28 @@
 import {h} from 'preact';
+import {Link} from 'preact-router';
+
+export default function Home({conferences}) {
+    if (!conferences) {
+        return <div className="p-3 text-center">No conferences yet</div>;
+    }

-export default function Home() {
    return (
-        <div>Home</div>
+        <div className="p-3">
+            {conferences.map((conference)=> (
+                <div className="card border shadow-sm lift mb-3">
+                    <div className="card-body">
+                        <div className="card-title">
+                            <h4 className="font-weight-light">
+                                {conference.city} {conference.year}
+                            </h4>
+                        </div>
+
+                        <Link className="btn btn-sm btn-blue stretched-link"
href={'/conference/'+conference.slug}>
+                            View
+                        </Link>
+                    </div>
+                </div>
```

```
+                        ))}
+                </div>
        );
-};
+}
```

Enfin, Preact Router passe le paramètre « slug » au composant Conference en tant que propriété. Utilisez-le pour afficher la conférence appropriée et ses commentaires, toujours en utilisant l'API ; et adaptez le rendu pour utiliser les données de l'API :

```
--- a/src/pages/conference.js
+++ b/src/pages/conference.js
@@ -1,7 +1,48 @@
 import {h} from 'preact';
+import {findComments} from '../api/api';
+import {useState, useEffect} from 'preact/hooks';
+
+function Comment({comments}) {
+    if (comments !== null && comments.length === 0) {
+        return <div className="text-center pt-4">No comments yet</div>;
+    }
+
+    if (!comments) {
+        return <div className="text-center pt-4">Loading...</div>;
+    }
+
+    return (
+        <div className="pt-4">
+            {comments.map(comment => (
+                <div className="shadow border rounded-lg p-3 mb-4">
+                    <div className="comment-img mr-3">
+                        {!comment.photoFilename ? '' : (
+                            <a href={ENV_API_ENDPOINT+'uploads/
photos/'+comment.photoFilename} target="_blank">
+                                <img src={ENV_API_ENDPOINT+'uploads/
photos/'+comment.photoFilename} />
+                            </a>
+                        )}
+                    </div>
+
+                    <h5 className="font-weight-light mt-3
mb-0">{comment.author}</h5>
+                    <div className="comment-text">{comment.text}</div>
+                </div>
+            ))}
+        </div>
+    );
+}
+
+export default function Conference({conferences, slug}) {
+    const conference = conferences.find(conference => conference.slug ===
slug);
+    const [comments, setComments] = useState(null);
```

```
+
+    useEffect(() => {
+        findComments(conference).then(comments => setComments(comments));
+    }, [slug]);

-export default function Conference() {
    return (
-        <div>Conference</div>
+        <div className="p-3">
+            <h4>{conference.city} {conference.year}</h4>
+            <Comment comments={comments} />
+        </div>
    );
-};
+}
```

La SPA a maintenant besoin de connaître l'URL de notre API grâce à la variable d'environnement `API_ENDPOINT`. Définissez-la avec l'URL du serveur web de l'API (tournant dans le répertoire `..`) :

```
$ API_ENDPOINT=`symfony var:export SYMFONY_PROJECT_DEFAULT_ROUTE_URL --dir=..`
yarn encore dev
```

Vous pourriez aussi exécuter maintenant en arrière-plan :

```
$ API_ENDPOINT=`symfony var:export SYMFONY_PROJECT_DEFAULT_ROUTE_URL --dir=..`
symfony run -d --watch=webpack.config.js yarn encore dev --watch
```

Et l'application devrait maintenant fonctionner correctement dans le navigateur :

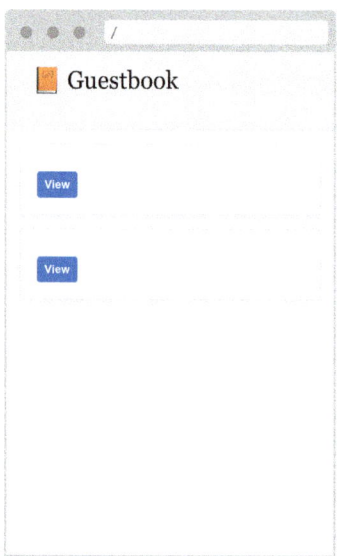

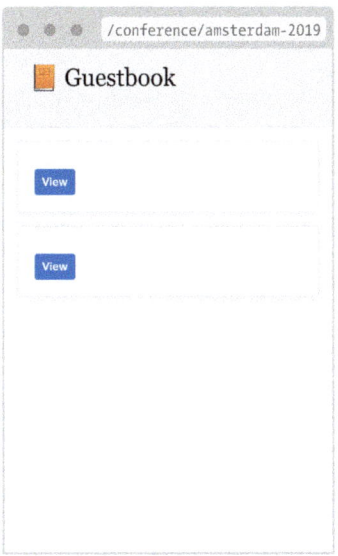

Wow ! Nous avons à présent une SPA entièrement fonctionnelle, avec routeur et données réelles. Nous pourrions organiser l'application Preact davantage si nous le voulions, mais elle fonctionne déjà très bien.

## 27.7 Déployer la SPA en production

SymfonyCloud permet de déployer plusieurs applications par projet. L'ajout d'une autre application peut se faire en créant un fichier `.symfony.cloud.yaml` dans n'importe quel sous-répertoire. Créez-en un sous `spa/` nommé `spa` :

```
.symfony.cloud.yaml
name: spa

type: php:7.3
size: S

build:
    flavor: none

web:
    commands:
        start: sleep
    locations:
        "/":
            root: "public"
            index:
                - "index.html"
```

```
        scripts: false
        expires: 10m

hooks:
    build: |
        set -x -e

        curl -s https://get.symfony.com/cloud/configurator | (>&2 bash)
        (>&2
            unset NPM_CONFIG_PREFIX
            export NVM_DIR=${SYMFONY_APP_DIR}/.nvm

            yarn-install

            set +x && . "${SYMFONY_APP_DIR}/.nvm/nvm.sh" && set -x

            yarn encore prod
        )
```

Modifiez le fichier `.symfony/routes.yaml` pour faire pointer le sous-domaine **spa.** vers l'application **spa** stockée dans le répertoire racine du projet :

```
$ cd ../
```

```
--- a/.symfony/routes.yaml
+++ b/.symfony/routes.yaml
@@ -1,2 +1,5 @@
+"https://spa.{all}/": { type: upstream, upstream: "spa:http" }
+"http://spa.{all}/": { type: redirect, to: "https://spa.{all}/" }
+
 "https://{all}/": { type: upstream, upstream: "varnish:http", cache: {
enabled: false } }
 "http://{all}/": { type: redirect, to: "https://{all}/" }
```

# 27.8 Configurer CORS pour la SPA

Si vous déployez le code maintenant, il ne fonctionnera pas car les navigateurs bloqueraient la requête à l'API. Nous devons explicitement autoriser la SPA à accéder à l'API. Récupérez le nom de domaine correspondant à votre application :

```
$ symfony env:urls --first
```

Définissez la variable d'environnement `CORS_ALLOW_ORIGIN` en conséquence :

```
$ symfony var:set "CORS_ALLOW_ORIGIN=^`symfony env:urls --first | sed 's#/$##'
| sed 's#https://#https://spa.#'`$"
```

Si votre domaine est `https://master-5szvwec-hzhac461b3a6o.eu.s5y.io/`, les appels **sed** le convertiront en `https://spa.master-5szvwec-hzhac461b3a6o.eu.s5y.io`.

Nous devons également définir la variable d'environnement `API_ENDPOINT` :

```
$ symfony var:set API_ENDPOINT=`symfony env:urls --first`
```

Commitez et déployez :

```
$ git add .
$ git commit -a -m'Add the SPA application'
$ symfony deploy
```

Accédez à la SPA dans un navigateur en spécifiant l'application comme option :

```
$ symfony open:remote --app=spa
```

# 27.9 Utiliser Cordova pour construire une application mobile

**Apache Cordova** est un outil qui génère des applications mobiles multiplateformes. Et bonne nouvelle, il peut utiliser la SPA que nous venons de créer.

Installons-le :

```
$ cd spa
$ yarn global add cordova
```

 Vous devez également installer le SDK Android. Cette section ne mentionne qu'Android, mais Cordova fonctionne avec toutes les plateformes mobiles, y compris iOS.

Créez la structure des répertoires de l'application :

```
$ cordova create app
```

Et générez l'application Android :

```
$ cd app
$ cordova platform add android
$ cd ..
```

C'est tout ce dont vous avez besoin. Vous pouvez maintenant *builder* les fichiers de production et les déplacer vers Cordova :

```
$ API_ENDPOINT=`symfony var:export SYMFONY_PROJECT_DEFAULT_ROUTE_URL --dir=..`
yarn encore production
$ rm -rf app/www
$ mkdir -p app/www
$ cp -R public/ app/www
```

Exécutez l'application sur un smartphone ou un émulateur :

```
$ cordova run android
```

## Aller plus loin

- *Le site officiel de Preact[2]* ;
- *Le site officiel de Cordova[3].*

---

2. https://preactjs.com/
3. https://cordova.apache.org/

Étape 28

# Localiser une application

Avec son public international, Symfony gère nativement l'internationalisation (i18n) et la localisation (l10n) depuis toujours. Localiser une application ne consiste pas seulement à traduire l'interface, mais aussi à traduire les pluriels, le formatage des dates et des devises, les URLs, et plus encore.

## 28.1 Internationaliser des URLs

La première étape pour localiser le site web est d'internationaliser les URLs. Quand on traduit un site web, l'URL devrait être différente pour chaque locale afin de tirer pleinement parti des caches HTTP (n'utilisez jamais la même URL en stockant la locale dans la session).

Utilisez le paramètre de routage spécial `_locale` pour référencer la locale dans les routes :

```
--- a/src/Controller/ConferenceController.php
+++ b/src/Controller/ConferenceController.php
@@ -34,7 +34,7 @@ class ConferenceController extends AbstractController
     }

     /**
-     * @Route("/", name="homepage")
+     * @Route("/{_locale}/", name="homepage")
     */
    public function index(ConferenceRepository $conferenceRepository):
Response
```

```
    {
```

Sur la page d'accueil, la locale est maintenant définie en interne en fonction de l'URL ; par exemple, si vous naviguez sur /fr/, $request->getLocale() retourne fr.

Comme vous ne serez probablement pas en mesure de traduire le contenu dans toutes les locales disponibles, limitez-vous à celles que vous souhaitez prendre en charge :

```
--- a/src/Controller/ConferenceController.php
+++ b/src/Controller/ConferenceController.php
@@ -34,7 +34,7 @@ class ConferenceController extends AbstractController
     }

     /**
-     * @Route("/{_locale}/", name="homepage")
+     * @Route("/{_locale<en|fr>}/", name="homepage")
     */
     public function index(ConferenceRepository $conferenceRepository):
Response
     {
```

Chaque paramètre de route peut être limité par une expression régulière à l'intérieur de < >. La route homepage n'est maintenant disponible que si le paramètre _locale vaut en ou fr. Essayez d'atteindre l'URL /es/ avec votre navigateur : vous devriez avoir une erreur 404, car aucune route ne correspond.

Comme nous utiliserons la même condition dans presque toutes les routes, déplaçons-la dans un paramètre du conteneur :

```
--- a/config/services.yaml
+++ b/config/services.yaml
@@ -7,6 +7,7 @@ parameters:
     default_admin_email: admin@example.com
     default_domain: '127.0.0.1'
     default_scheme: 'http'
+    app.supported_locales: 'en|fr'

     router.request_context.host:
'%env(default:default_domain:SYMFONY_DEFAULT_ROUTE_HOST)%'
     router.request_context.scheme:
'%env(default:default_scheme:SYMFONY_DEFAULT_ROUTE_SCHEME)%'
--- a/src/Controller/ConferenceController.php
+++ b/src/Controller/ConferenceController.php
@@ -34,7 +34,7 @@ class ConferenceController extends AbstractController
     }

     /**
-     * @Route("/{_locale<en|fr>}/", name="homepage")
```

```
+       * @Route("/{_locale<%app.supported_locales%>}/", name="homepage")
        */
     public function index(ConferenceRepository $conferenceRepository):
Response
     {
```

L'ajout d'une langue peut se faire en mettant à jour le paramètre
app.supported_languages.

Ajoutez le même préfixe de route locale aux autres URLs :

```
--- a/src/Controller/ConferenceController.php
+++ b/src/Controller/ConferenceController.php
@@ -47,7 +47,7 @@ class ConferenceController extends AbstractController
     }

     /**
-       * @Route("/conference_header", name="conference_header")
+       * @Route("/{_locale<%app.supported_locales%>}/conference_header",
name="conference_header")
        */
     public function conferenceHeader(ConferenceRepository
$conferenceRepository): Response
     {
@@ -60,7 +60,7 @@ class ConferenceController extends AbstractController
     }

     /**
-       * @Route("/conference/{slug}", name="conference")
+       * @Route("/{_locale<%app.supported_locales%>}/conference/{slug}",
name="conference")
        */
     public function show(Request $request, Conference $conference,
CommentRepository $commentRepository, NotifierInterface $notifier, string
$photoDir): Response
     {
```

Nous avons presque fini. Cependant, nous n'avons plus de route
correspondant à /. Recréons-la et faisons en sorte qu'elle redirige vers
/en/ :

```
--- a/src/Controller/ConferenceController.php
+++ b/src/Controller/ConferenceController.php
@@ -33,6 +33,14 @@ class ConferenceController extends AbstractController
         $this->bus = $bus;
     }

+    /**
+       * @Route("/")
+       */
+    public function indexNoLocale(): Response
+    {
+        return $this->redirectToRoute('homepage', ['_locale' => 'en']);
```

```
+    }
+

     /**
      * @Route("/{_locale<%app.supported_locales%>}/", name="homepage")
      */
```

Maintenant que toutes les routes principales bénéficient de la locale, remarquez que les URLs générées sur les pages prennent automatiquement en compte la locale courante.

## 28.2 Ajouter un sélecteur de locale

Pour permettre aux internautes de passer de la locale par défaut en à une autre, ajoutons un sélecteur dans l'en-tête :

```
--- a/templates/base.html.twig
+++ b/templates/base.html.twig
@@ -34,6 +34,16 @@
                                        Admin
                                </a>
                        </li>
+<li class="nav-item dropdown">
+    <a class="nav-link dropdown-toggle" href="#" id="dropdown-language"
role="button"
+        data-toggle="dropdown" aria-haspopup="true" aria-expanded="false">
+        English
+    </a>
+    <div class="dropdown-menu dropdown-menu-right" aria-labelledby="dropdown-
language">
+        <a class="dropdown-item" href="{{ path('homepage', {_locale: 'en'})
}}">English</a>
+        <a class="dropdown-item" href="{{ path('homepage', {_locale: 'fr'})
}}">Français</a>
+    </div>
+</li>
                        </ul>
                    </div>
                </div>
```

Pour changer de locale, nous passons explicitement le paramètre de routage `_locale` à la fonction `path()`.

Modifiez le template pour afficher le nom de la locale actuelle au lieu du nom « English » codé en dur :

```
--- a/templates/base.html.twig
+++ b/templates/base.html.twig
@@ -37,7 +37,7 @@
 <li class="nav-item dropdown">
```

```
      <a class="nav-link dropdown-toggle" href="#" id="dropdown-language"
role="button"
        data-toggle="dropdown" aria-haspopup="true" aria-expanded="false">
-       English
+       {{ app.request.locale|locale_name(app.request.locale) }}
      </a>
      <div class="dropdown-menu dropdown-menu-right" aria-labelledby="dropdown-
language">
        <a class="dropdown-item" href="{{ path('homepage', {_locale: 'en'})
}}">English</a>
```

app est une variable Twig globale qui donne accès à la requête courante.
Pour convertir la locale en une chaîne humainement compréhensible,
nous utilisons le filtre Twig `locale_name`.

Selon la locale, le nom de la locale n'est pas toujours en majuscule. Pour
gérer correctement les majuscules dans les phrases, nous avons besoin
d'un filtre compatible Unicode, comme celui fourni par le composant
Symfony String et son implémentation Twig :

```
$ symfony composer req twig/string-extra
```

```
--- a/templates/base.html.twig
+++ b/templates/base.html.twig
@@ -37,7 +37,7 @@
 <li class="nav-item dropdown">
      <a class="nav-link dropdown-toggle" href="#" id="dropdown-language"
role="button"
        data-toggle="dropdown" aria-haspopup="true" aria-expanded="false">
-       {{ app.request.locale|locale_name(app.request.locale) }}
+       {{ app.request.locale|locale_name(app.request.locale)|u.title }}
      </a>
      <div class="dropdown-menu dropdown-menu-right" aria-labelledby="dropdown-
language">
        <a class="dropdown-item" href="{{ path('homepage', {_locale: 'en'})
}}">English</a>
```

Vous pouvez dorénavant passer du français à l'anglais grâce au sélecteur,
et toute l'interface s'adapte à merveille :

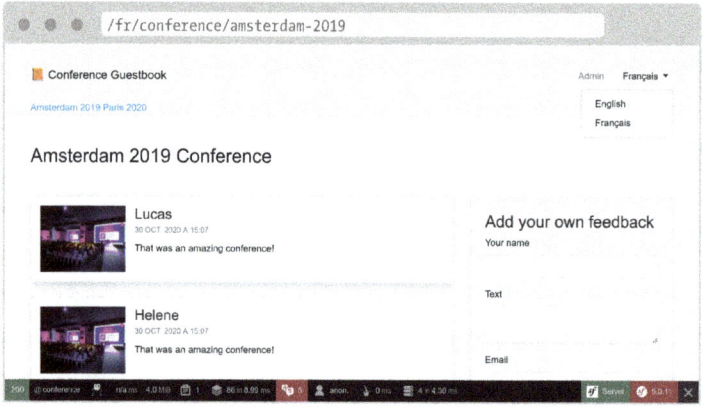

# 28.3 Traduire l'interface

Pour commencer à traduire le site, nous avons besoin d'installer le composant Translation Symfony :

```
$ symfony composer req translation
```

Traduire chaque phrase d'un gros site web peut être fastidieux, mais heureusement, nous n'avons que quelques messages sur notre site web. Commençons par toutes les phrases de la page d'accueil :

```
--- a/templates/base.html.twig
+++ b/templates/base.html.twig
@@ -20,7 +20,7 @@
            <nav class="navbar navbar-expand-xl navbar-light bg-light">
                <div class="container mt-4 mb-3">
                    <a class="navbar-brand mr-4 pr-2" href="{{
path('homepage') }}">
-                        &#128217; Conference Guestbook
+                        &#128217; {{ 'Conference Guestbook'|trans }}
                    </a>

                    <button class="navbar-toggler border-0" type="button"
data-toggle="collapse" data-target="#header-menu" aria-
controls="navbarSupportedContent" aria-expanded="false" aria-label="Show/Hide
navigation">
--- a/templates/conference/index.html.twig
+++ b/templates/conference/index.html.twig
@@ -4,7 +4,7 @@

 {% block body %}
    <h2 class="mb-5">
-        Give your feedback!
+        {{ 'Give your feedback!'|trans }}
    </h2>
```

```
    {% for row in conferences|batch(4) %}
@@ -21,7 +21,7 @@

                          <a href="{{ path('conference', { slug:
conference.slug }) }}"
                              class="btn btn-sm btn-blue stretched-link">
-                             View
+                             {{ 'View'|trans }}
                          </a>
                      </div>
                  </div>
```

Le filtre Twig **trans** recherche une traduction pour la valeur donnée dans
la locale courante. Si celle-ci n'est pas trouvée, il utilise la *locale par
défaut*, telle que configurée dans **config/packages/translation.yaml** :

```
framework:
    default_locale: en
    translator:
        default_path: '%kernel.project_dir%/translations'
        fallbacks:
            - en
```

Notez que l'"« onglet » de traduction de la web debug toolbar est devenu
rouge :

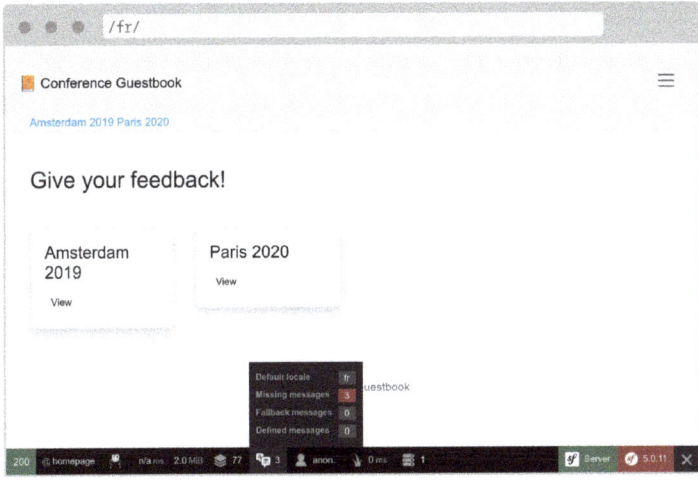

Il nous dit que 3 messages ne sont pas encore traduits.

Cliquez sur l'"« onglet » pour lister tous les messages pour lesquels
Symfony n'a pas trouvé de traduction :

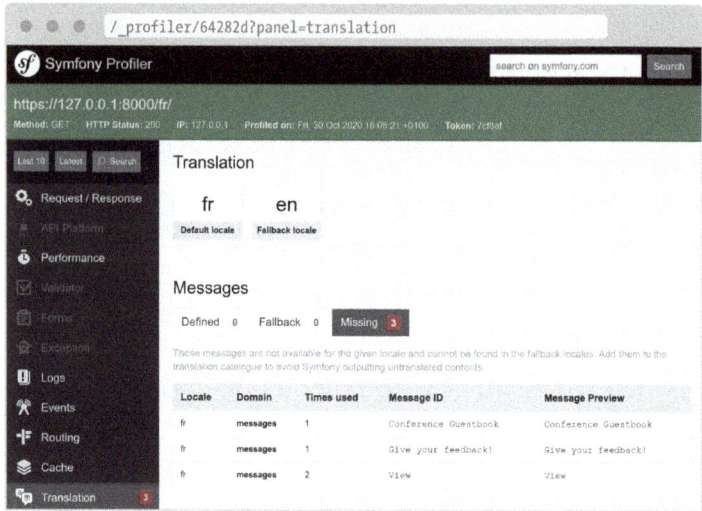

# 28.4 Fournir des traductions

Comme vous avez pu le constater dans le fichier `config/packages/translation.yaml`, les traductions sont stockées dans le répertoire racine `translations/`, qui a été créé automatiquement pour nous.

Au lieu de créer les fichiers de traduction à la main, utilisez la commande `translation:update` :

```
$ symfony console translation:update fr --force --domain=messages
```

Cette commande génère un fichier de traduction (option `--force`) pour la locale `fr` et le domaine `messages` (qui contient tous les messages propres à notre application, comme les erreurs de validation ou de sécurité).

Éditez le fichier `translations/messages+intl-icu.fr.xlf` et traduisez les messages en français :

```
--- a/translations/messages+intl-icu.fr.xlf
+++ b/translations/messages+intl-icu.fr.xlf
@@ -7,15 +7,15 @@
     <body>
       <trans-unit id="LNAVleg" resname="Give your feedback!">
         <source>Give your feedback!</source>
-        <target>__Give your feedback!</target>
+        <target>Donnez votre avis !</target>
       </trans-unit>
       <trans-unit id="3Mg5pAF" resname="View">
         <source>View</source>
-        <target>__View</target>
```

```
+           <target>Sélectionner</target>
        </trans-unit>
        <trans-unit id="eOy4.6V" resname="Conference Guestbook">
            <source>Conference Guestbook</source>
-           <target>__Conference Guestbook</target>
+           <target>Livre d'Or pour Conferences</target>
        </trans-unit>
    </body>
</file>
```

Nous ne traduirons pas tous les templates, mais n'hésitez pas à le faire :

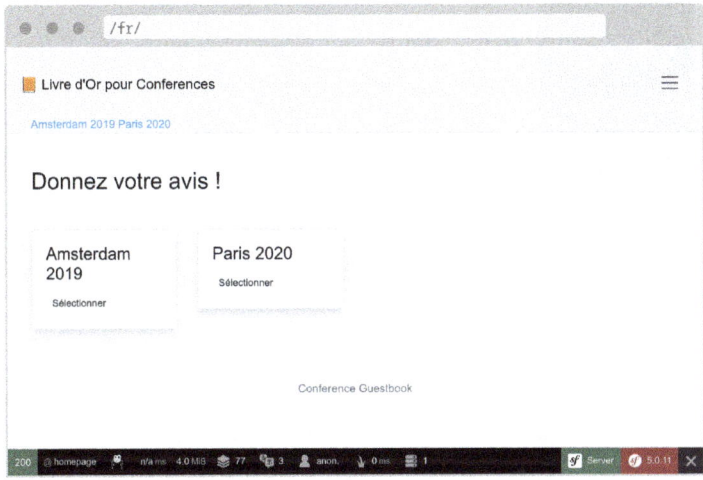

# 28.5 Traduire des formulaires

Les labels des formulaires sont automatiquement affichés par Symfony via le système de traduction. Allez sur une page de conférence et cliquez sur l'onglet « Translation » de la web debug toolbar ; vous devriez voir tous les libellés prêts à être traduits :

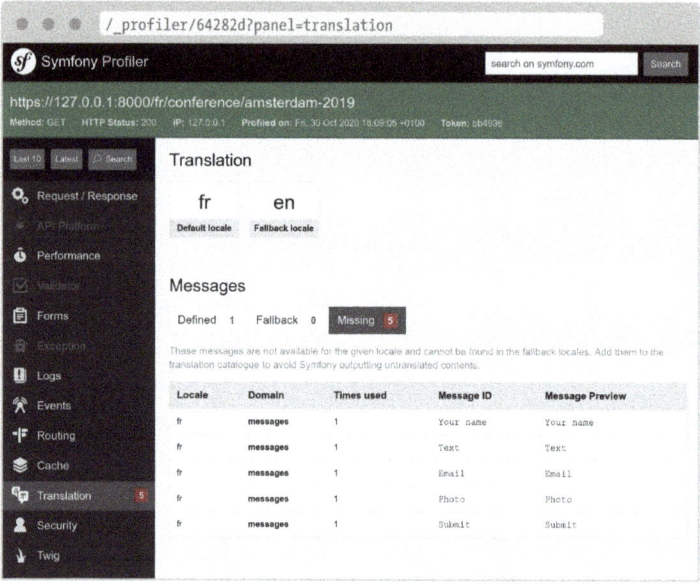

## 28.6 Localiser des dates

Si vous changez de langue pour le français et que vous vous rendez sur la page d'une conférence ayant des commentaires, vous remarquerez que les dates des commentaires ont été automatiquement localisées. Cela fonctionne parce que nous avons utilisé le filtre Twig `format_datetime`, qui tient compte de la locale (`{{ comment.createdAt|format_datetime('medium', 'short') }}`).

La localisation fonctionne pour les dates, les heures (`format_time`), les devises (`format_currency`) et les nombres (`format_number`) en général (pourcentages, durées, écriture, etc.).

## 28.7 Traduire des pluriels

La gestion des pluriels dans les traductions est l'une des principales sources de problèmes lorsqu'on sélectionne une traduction en se basant sur une condition.

Sur la page d'une conférence, nous affichons le nombre de commentaires : `There are 2 comments`. Pour 1 commentaire, nous affichons `There are 1 comments`, ce qui est faux. Modifiez le template pour convertir la phrase en un message traduisible :

```
--- a/templates/conference/show.html.twig
+++ b/templates/conference/show.html.twig
@@ -44,7 +44,7 @@
                         </div>
                     </div>
                 {% endfor %}
-               <div>There are {{ comments|length }} comments.</div>
+               <div>{{ 'nb_of_comments'|trans({count: comments|length})
}}</div>
                {% if previous >= 0 %}
                    <a href="{{ path('conference', { slug: conference.slug,
offset: previous }) }}">Previous</a>
                {% endif %}
```

Pour ce message, nous avons utilisé une autre stratégie de traduction.
Au lieu de conserver la version anglaise dans le modèle, nous l'avons
remplacée par un identifiant unique. Cette stratégie fonctionne mieux
pour les textes complexes et volumineux.

Mettez à jour le fichier de traduction en ajoutant le nouveau message :

```
--- a/translations/messages+intl-icu.fr.xlf
+++ b/translations/messages+intl-icu.fr.xlf
@@ -17,6 +17,10 @@
            <source>Conference Guestbook</source>
            <target>Livre d'Or pour Conferences</target>
        </trans-unit>
+       <trans-unit id="Dg2dPd6" resname="nb_of_comments">
+           <source>nb_of_comments</source>
+           <target>{count, plural, =0 {Aucun commentaire.} =1 {1 commentaire.}
other {# commentaires.}}</target>
+       </trans-unit>
        </body>
    </file>
</xliff>
```

Nous n'avons pas encore terminé car nous devons maintenant fournir
la traduction anglaise. Créez le fichier translations/messages+intl-
icu.en.xlf :

translations/messages+intl-icu.en.xlf
```
<?xml version="1.0" encoding="utf-8"?>
<xliff xmlns="urn:oasis:names:tc:xliff:document:1.2" version="1.2">
  <file source-language="en" target-language="en" datatype="plaintext"
original="file.ext">
    <header>
      <tool tool-id="symfony" tool-name="Symfony"/>
    </header>
    <body>
      <trans-unit id="maMQz7W" resname="nb_of_comments">
        <source>nb of comments</source>
        <target>{count, plural, =0 {There are no comments.} one {There is one
```

```
comment.} other {There are # comments.}}</target>
      </trans-unit>
    </body>
  </file>
</xliff>
```

# 28.8 Mettre à jour les tests fonctionnels

N'oubliez pas de mettre à jour les tests fonctionnels pour prendre en
compte les URLs et les changements de contenu :

```
--- a/tests/Controller/ConferenceControllerTest.php
+++ b/tests/Controller/ConferenceControllerTest.php
@@ -11,7 +11,7 @@ class ConferenceControllerTest extends WebTestCase
     public function testIndex()
     {
         $client = static::createClient();
-        $client->request('GET', '/');
+        $client->request('GET', '/en/');

         $this->assertResponseIsSuccessful();
         $this->assertSelectorTextContains('h2', 'Give your feedback');
@@ -20,7 +20,7 @@ class ConferenceControllerTest extends WebTestCase
     public function testCommentSubmission()
     {
         $client = static::createClient();
-        $client->request('GET', '/conference/amsterdam-2019');
+        $client->request('GET', '/en/conference/amsterdam-2019');
         $client->submitForm('Submit', [
             'comment_form[author]' => 'Fabien',
             'comment_form[text]' => 'Some feedback from an automated
functional test',
@@ -41,7 +41,7 @@ class ConferenceControllerTest extends WebTestCase
     public function testConferencePage()
     {
         $client = static::createClient();
-        $crawler = $client->request('GET', '/');
+        $crawler = $client->request('GET', '/en/');

         $this->assertCount(2, $crawler->filter('h4'));

@@ -50,6 +50,6 @@ class ConferenceControllerTest extends WebTestCase
         $this->assertPageTitleContains('Amsterdam');
         $this->assertResponseIsSuccessful();
         $this->assertSelectorTextContains('h2', 'Amsterdam 2019');
-        $this->assertSelectorExists('div:contains("There are 1 comments")');
+        $this->assertSelectorExists('div:contains("There is one comment")');
     }
 }
```

**Aller plus loin**

- *Traduire des messages à l'aide du formateur ICU[1] ;*
- *Utiliser les filtres de traduction Twig[2].*

1. https://symfony.com/doc/current/translation/message_format.html
2. https://symfony.com/doc/current/translation/templates.html#translation-filters

## Étape 29
# Gérer les performances

L'optimisation prématurée est la racine de tous les maux.

Peut-être avez-vous déjà lu cette citation auparavant, mais j'aimerais la citer en entier :

Nous devrions éviter les économies de bout de chandelles, disons dans environ 97 % des cas : l'optimisation prématurée est la racine de tous les maux. Pour autant, nous ne devrions pas ignorer ces occasions dans ces 3% cruciaux.

—*Donald Knuth*

Même de petites améliorations de performance peuvent faire la différence, en particulier pour les sites e-commerce. Maintenant que l'application du livre d'or est prête pour les heures de pointe, voyons comment nous pouvons analyser ses performances.

La meilleure façon de trouver des optimisations de performance est d'utiliser un *profileur*. L'option la plus populaire de nos jours est *Blackfire*[1] (*Avertissement* : je suis aussi le fondateur du projet Blackfire).

---

1. https://blackfire.io

# 29.1 Découvrir Blackfire

Blackfire est composé de plusieurs parties :

- Un *client* qui déclenche des profils (l'outil Blackfire CLI ou une extension de navigateur web pour Google Chrome ou Firefox) ;
- Un *agent* qui prépare et agrège les données avant de les envoyer à blackfire.io pour affichage ;
- Une extension PHP (la *sonde*) qui analyse le code PHP.

Pour travailler avec Blackfire, vous devez d'abord vous *inscrire*[2].

Installez Blackfire sur votre machine locale en exécutant le script d'installation suivant :

```
$ curl https://installer.blackfire.io/ | bash
```

Cet installateur télécharge l'outil Blackfire CLI et installe ensuite la sonde PHP (sans l'activer) sur toutes les versions PHP disponibles.

Activez la sonde PHP pour notre projet :

```
--- a/php.ini
+++ b/php.ini
@@ -7,3 +7,7 @@ session.use_strict_mode=On
 realpath_cache_ttl=3600
 zend.detect_unicode=Off
 xdebug.file_link_format=vscode://file/%f:%l
+
+[blackfire]
+# use php_blackfire.dll on Windows
+extension=blackfire.so
```

Redémarrez le serveur web pour que PHP puisse charger Blackfire :

```
$ symfony server:stop
$ symfony server:start -d
```

L'outil Blackfire CLI doit être configuré avec vos identifiants **client** personnels (pour stocker vos profils de projet dans votre compte personnel). Vous les trouverez en haut de la *page*[3] Settings/Credentials. Exécutez la commande suivante en remplaçant les espaces réservés :

```
$ blackfire config --client-id=xxx --client-token=xxx
```

---

2. https://blackfire.io/signup
3. https://blackfire.io/my/settings/credentials

Pour des instructions d'installation complètes, suivez le *guide d'installation officiel détaillé*[4]. Elles sont utiles lors de l'installation de Blackfire sur un serveur.

## 29.2 Configurer l'agent Blackfire sur Docker

La dernière étape consiste à ajouter le service d'agent Blackfire dans Docker Compose :

```
--- a/docker-compose.yaml
+++ b/docker-compose.yaml
@@ -20,3 +20,8 @@ services:
     mailer:
         image: schickling/mailcatcher
         ports: [1025, 1080]
+
+    blackfire:
+        image: blackfire/blackfire
+        env_file: .env.local
+        ports: [8707]
```

Pour communiquer avec le serveur, vous devez récupérer vos identifiants de **serveur** personnels (ces identifiants spécifient l'endroit où vous voulez stocker les profils - vous pouvez en créer un par projet) ; ils se trouvent au bas de la *page*[5] `Settings/Credentials`. Stockez-les dans un fichier local `.env.local` :

```
BLACKFIRE_SERVER_ID=xxxxxxxx-xxxx-xxxx-xxxx-xxxxxxxxxxxx
BLACKFIRE_SERVER_TOKEN=xxxxxxxxxxxxxxxxxxxxxxxxxxxxxxxxxxxxxxxxxxxxxxxxxxxxxxxxx
```

Vous pouvez maintenant lancer le nouveau conteneur :

```
$ docker-compose stop
$ docker-compose up -d
```

## 29.3 Réparer une installation Blackfire en panne

Si vous obtenez une erreur pendant le profilage, augmentez le niveau de log Blackfire pour obtenir plus d'informations :

---

4. `https://blackfire.io/docs/up-and-running/installation`
5. `https://blackfire.io/my/settings/credentials`

```
--- a/php.ini
+++ b/php.ini
@@ -10,3 +10,4 @@ zend.detect_unicode=Off
 [blackfire]
 # use php_blackfire.dll on Windows
 extension=blackfire.so
+blackfire.log_level=4
```

Redémarrez le serveur web :

```
$ symfony server:stop
$ symfony server:start -d
```

Et suivez les logs :

```
$ symfony server:log
```

Profilez à nouveau et vérifiez les logs.

# 29.4 Configurer Blackfire en production

Blackfire est inclus par défaut dans tous les projets SymfonyCloud.

Configurez les identifiants du *serveur* comme variables d'environnement :

```
$ symfony var:set BLACKFIRE_SERVER_ID=xxxxxxxx-xxxx-xxxx-xxxx-xxxxxxxxxxxx
$ symfony var:set BLACKFIRE_SERVER_TOKEN=xxxxxxxxxxxxxxxxxxxxxxxxxxxxxxxx
```

Et activez la sonde PHP comme n'importe quelle autre extension PHP :

```
--- a/.symfony.cloud.yaml
+++ b/.symfony.cloud.yaml
@@ -4,6 +4,7 @@ type: php:7.4

 runtime:
     extensions:
+        - blackfire
         - xsl
         - amqp
         - redis
```

# 29.5 Configurer Varnish pour Blackfire

Avant de pouvoir déployer pour commencer le profilage, vous devez trouver un moyen de contourner le cache HTTP de Varnish. Sinon, Blackfire n'atteindra jamais l'application PHP. Vous n'autoriserez que les demandes de profil provenant de votre machine locale.

Récupérez votre adresse IP actuelle :

```
$ curl https://ifconfig.me/
```

Et utilisez-la pour configurer Varnish :

```
--- a/.symfony/config.vcl
+++ b/.symfony/config.vcl
@@ -1,3 +1,11 @@
+acl profile {
+    # Authorize the local IP address (replace with the IP found above)
+    "a.b.c.d";
+    # Authorize Blackfire servers
+    "46.51.168.2";
+    "54.75.240.245";
+}
+
 sub vcl_recv {
     set req.backend_hint = application.backend();
     set req.http.Surrogate-Capability = "abc=ESI/1.0";
@@ -8,6 +16,16 @@ sub vcl_recv {
         }
         return (purge);
     }
+
+    # Don't profile ESI requests
+    if (req.esi_level > 0) {
+        unset req.http.X-Blackfire-Query;
+    }
+
+    # Bypass Varnish when the profile request comes from a known IP
+    if (req.http.X-Blackfire-Query && client.ip ~ profile) {
+        return (pass);
+    }
 }

 sub vcl_backend_response {
```

Vous pouvez maintenant déployer.

# 29.6 Profiler les pages web

Vous pouvez profiler les pages web traditionnelles depuis Firefox ou Google Chrome grâce à leurs *extensions dédiées*[6].

Sur votre machine locale, n'oubliez pas de désactiver le cache HTTP dans

---

6. https://blackfire.io/docs/integrations/browsers/index

`public/index.php` lors du profilage : sinon, vous profilerez la couche de cache HTTP Symfony au lieu de votre propre code :

```
--- a/public/index.php
+++ b/public/index.php
@@ -24,7 +24,7 @@ if ($trustedHosts = $_SERVER['TRUSTED_HOSTS'] ??
$_ENV['TRUSTED_HOSTS'] ?? false
 $kernel = new Kernel($_SERVER['APP_ENV'], (bool) $_SERVER['APP_DEBUG']);

 if ('dev' === $kernel->getEnvironment()) {
-     $kernel = new HttpCache($kernel);
+//    $kernel = new HttpCache($kernel);
 }

 $request = Request::createFromGlobals();
```

Pour avoir une meilleure idée de la performance de votre application en production, vous devez également profiler l'environnement « production ». Par défaut, votre environnement local utilise l'environnement de « développement », ce qui ajoute un surcoût important (principalement pour collecter des données pour la web debug toolbar et le profileur Symfony).

Le passage de votre machine locale à l'environnement de production peut se faire en changeant la variable d'environnement `APP_ENV` dans le fichier `.env.local` :

```
APP_ENV=prod
```

Ou vous pouvez utiliser la commande **server:prod** :

```
$ symfony server:prod
```

N'oubliez pas de le remettre sur dev à la fin de votre session de profilage :

```
$ symfony server:prod --off
```

# 29.7 Profiler les ressources de l'API

Le profilage de l'API ou de la SPA est plus efficace en ligne de commande, en utilisant l'outil Blackfire CLI que vous avez installé précédemment :

```
$ blackfire curl `symfony var:export SYMFONY_PROJECT_DEFAULT_ROUTE_URL`api
```

La commande `blackfire curl` accepte exactement les mêmes arguments et options que *cURL*[7].

## 29.8 Comparer les performances

Dans l'étape traitant du « Cache », nous avons ajouté une couche cache pour améliorer les performances de notre code, mais nous n'avons pas vérifié ni mesuré l'impact du changement sur les performances. Comme nous sommes tous très mauvais pour deviner ce qui sera rapide et ce qui est lent, vous pourriez vous retrouver dans une situation où l'optimisation rend votre application plus lente.

Vous devriez toujours mesurer l'impact de toute optimisation que vous faites avec un profileur. Blackfire facilite l'analyse grâce à sa *fonction de comparaison*[8].

## 29.9 Écrire les tests fonctionnels de boîte noire

Nous avons vu comment écrire des tests fonctionnels avec Symfony. Blackfire peut être utilisé pour écrire des scénarios de navigation qui peuvent être exécutés à la demande via le *lecteur Blackfire*[9]. Rédigeons un scénario qui soumet un nouveau commentaire et le valide via le lien email en développement, et via l'interface d'admin en production.

Créez un fichier `.blackfire.yaml` avec le contenu suivant :

*.blackfire.yaml*
```
scenarios: |
    #!blackfire-player

    group login
        visit url('/login')
        submit button("Sign in")
            param username "admin"
            param password "admin"
            expect status_code() == 302

    scenario
        name "Submit a comment on the Amsterdam conference page"
        include login
        visit url('/fr/conference/amsterdam-2019')
            expect status_code() == 200
```

---

7. https://curl.haxx.se/docs/manpage.html
8. https://blackfire.io/docs/cookbooks/understanding-comparisons
9. https://blackfire.io/player

```
        submit button("Submit")
            param comment_form[author] 'Fabien'
            param comment_form[email] 'me@example.com'
            param comment_form[text] 'Such a good conference!'
            param comment_form[photo] file(fake('image', '/tmp', 400, 300,
'cats'), 'awesome-cat.jpg')
            expect status_code() == 302
        follow
            expect status_code() == 200
            expect not(body() matches "/Such a good conference/")
            # Wait for the workflow to validate the submissions
            wait 5000
        when env != "prod"
            visit url(webmail_url ~ '/messages')
                expect status_code() == 200
                set message_ids json("[*].id")
            with message_id in message_ids
                visit url(webmail_url ~ '/messages/' ~ message_id ~ '.html')
                    expect status_code() == 200
                    set accept_url css("table a").first().attr("href")
                visit url(accept_url)
                    # we don't check the status code as we can deal
                    # with "old" messages which do not exist anymore
                    # in the DB (would be a 404 then)
        when env == "prod"
            visit url('/admin/?entity=Comment&action=list')
                expect status_code() == 200
                set comment_ids css('table.table tbody tr').extract('data-id')
            with id in comment_ids
                visit url('/admin/comment/review/' ~ id)
                    # we don't check the status code as we scan all comments,
                    # including the ones already reviewed
        visit url('/fr/')
            wait 5000
        visit url('/fr/conference/amsterdam-2019')
            expect body() matches "/Such a good conference/"
```

Téléchargez le lecteur Blackfire pour pouvoir exécuter le scénario localement :

```
$ curl -OLsS https://get.blackfire.io/blackfire-player.phar
$ chmod +x blackfire-player.phar
```

Exécutez ce scénario en développement :

```
$ ./blackfire-player.phar run --endpoint=`symfony var:export
SYMFONY_PROJECT_DEFAULT_ROUTE_URL` .blackfire.yaml --variable
"webmail_url=`symfony var:export MAILER_WEB_URL 2>/dev/null`" --
variable="env=dev"
```

Ou en production :

```
$ ./blackfire-player.phar run --endpoint=`symfony env:urls --first`
```

```
.blackfire.yaml --variable "webmail_url=NONE" --variable="env=prod"
```

Les scénarios Blackfire peuvent également déclencher des profils pour chaque requête et exécuter des tests de performance en ajoutant l'option `--blackfire`.

# 29.10 Automatiser les contrôles de performance

La gestion de la performance ne consiste pas seulement à améliorer la performance du code existant, mais aussi à vérifier qu'aucune régression de performance n'est introduite.

Le scénario décrit dans la section précédente peut être exécuté automatiquement dans un workflow d'intégration continue ou régulièrement en production.

SymfonyCloud permet également d'"*exécuter les scénarios*[10] à chaque fois que vous créez une nouvelle branche ou déployez en production pour vérifier automatiquement les performances du nouveau code.

 Aller plus loin

- *Le livre Blackfire : PHP Code Performance Explained*[11] ;
- *Tutoriel SymfonyCasts sur Blackfire*[12].

---

10. https://blackfire.io/docs/integrations/paas/symfonycloud#builds-level-enterprise
11. https://blackfire.io/book
12. https://symfonycasts.com/screencast/blackfire

# Étape 30
# Voyager au cœur de Symfony

Nous utilisons Symfony pour développer une application performante depuis un certain temps déjà, mais la plupart du code exécuté par l'application provient de Symfony. Quelques centaines de lignes de code contre des milliers de lignes de code.

J'aime comprendre comment les choses fonctionnent en coulisses. Et j'ai toujours été fasciné par les outils qui m'aident à comprendre comment fonctionnent les choses. La première fois que j'ai utilisé un débogueur pas à pas ou le moment où j'ai découvert `ptrace` sont des souvenirs magiques.

Vous souhaitez mieux comprendre le fonctionnement de Symfony ? Il est temps d'examiner comment Symfony fait fonctionner votre application. Au lieu de décrire comment Symfony gère une requête HTTP d'un point de vue théorique, ce qui serait assez ennuyeux, nous allons utiliser Blackfire pour obtenir quelques représentations visuelles et pour découvrir des sujets plus avancés.

## 30.1 Comprendre le fonctionnement interne de Symfony avec Blackfire

Vous savez déjà que toutes les requêtes HTTP sont servies par un seul point d'entrée : le fichier `public/index.php`. Mais que se passe-t-il ensuite ? Comment sont appelés les contrôleurs ?

Profilons la page d'accueil anglaise en production avec Blackfire via l'extension de navigateur Blackfire :

```
$ symfony remote:open
```

Ou directement via la ligne de commande :

```
$ blackfire curl `symfony env:urls --first`en/
```

Allez dans la vue « Timeline » du profil, vous devriez voir quelque chose qui ressemble à cela :

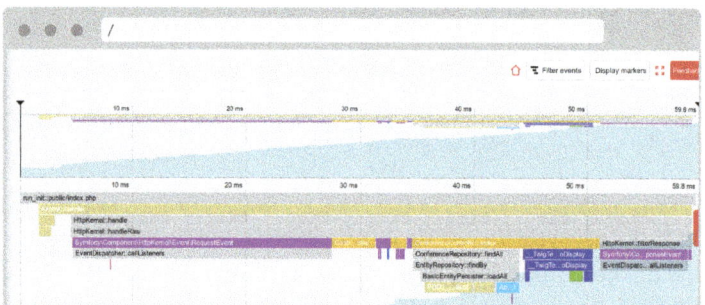

À partir de la timeline, passez le curseur sur les barres colorées pour avoir plus d'informations sur chaque appel, vous apprendrez beaucoup sur le fonctionnement de Symfony :

- Le point d'entrée principal est `public/index.php` ;
- La méthode `Kernel::handle()` traite la requête ;
- Il appelle le `HttpKernel` qui envoit des événements ;
- Le premier événement est `RequestEvent` ;
- La méthode `ControllerResolver::getController()` est appelée pour déterminer quel contrôleur doit être appelé pour l'URL entrante ;
- La méthode `ControllerResolver::getArguments()` est appelée pour déterminer quels arguments passer au contrôleur (le param converter est appelé) ;
- La méthode `ConferenceController::index()` est appelée et la majorité de notre code est exécutée par cet appel ;
- La méthode `ConferenceRepository::findAll()` récupère toutes les conférences de la base de données (notez la connexion à la base de données via `PDO::__construct()`) ;

- La méthode `Twig\Environment::render()` génère le template ;
- Les événements `ResponseEvent` et `FinishRequestEvent` sont envoyés, mais il semble qu'aucun *listener* ne soit déclaré car ils sont exécutés très rapidement.

La timeline est un excellent moyen de comprendre le fonctionnement de certains codes, ce qui est très utile lorsque vous faites développer un projet par quelqu'un d'autre.

Maintenant, profilez la même page depuis la machine locale dans l'environnement de développement :

```
$ blackfire curl `symfony var:export SYMFONY_PROJECT_DEFAULT_ROUTE_URL`en/
```

Ouvrez le profil. Vous devriez être redirigé vers l'affichage du graphique d'appel car la demande a été très rapide et la timeline sera quasiment vide :

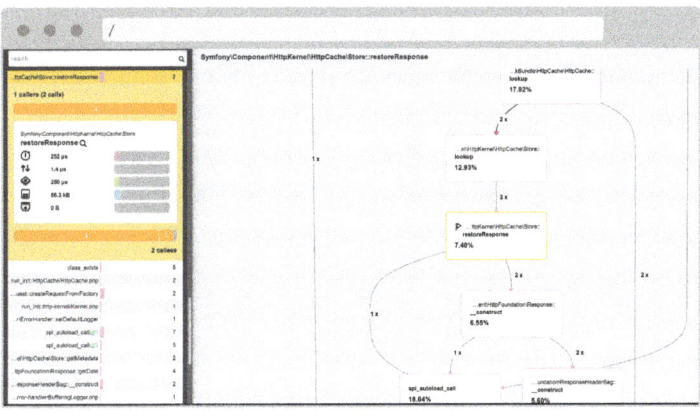

Comprenez-vous ce qui se passe ? Le cache HTTP est activé et, par conséquent, nous profilons la couche cache HTTP de Symfony. Comme la page est dans le cache, `HttpCache\Store::restoreResponse()` obtient la réponse HTTP de son cache et le contrôleur n'est jamais appelé.

Désactivez la couche cache `public/index.php` comme nous l'avons fait à l'étape précédente et réessayez. Vous pouvez immédiatement voir que le profil est très différent :

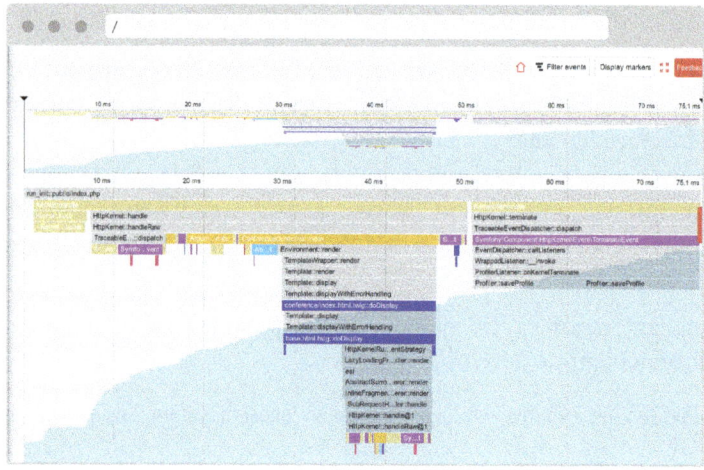

Les principales différences sont les suivantes :

- Le `TerminateEvent`, qui n'était pas visible en production, prend un grand pourcentage du temps d'exécution. En y regardant de plus près, vous pouvez voir que c'est l'événement responsable du stockage des données nécessaires au profileur Symfony.

- Sous l'appel `ConferenceController::index()`, remarquez la méthode `SubRequestHandler::handle()` qui affiche l'ESI (c'est pourquoi nous avons deux appels à `Profiler::saveProfile()`, un pour la requête principale et un pour l'ESI).

Explorez la timeline pour en savoir plus ; passez à la vue du graphique d'appel pour avoir une représentation différente des mêmes données.

Comme nous venons de le découvrir, le code exécuté en développement et en production est assez différent. L'environnement de développement est plus lent car le profileur de Symfony essaie de rassembler beaucoup de données pour faciliter le débogage des problèmes. C'est pourquoi vous devez toujours profiler avec l'environnement de production, même au niveau local.

Quelques expériences intéressantes : profilez une page d'erreur, profilez la page / (qui est une redirection) ou une ressource API. Chaque profil vous en dira un peu plus sur le fonctionnement de Symfony, les classes/méthodes appelées, ce qui est lent à exécuter et ce qui est rapide.

## 30.2 Utiliser l'addon de débogage Blackfire

Par défaut, Blackfire supprime tous les appels de méthode qui ne sont pas assez significatifs pour éviter d'avoir de grosses charges utiles et de gros graphiques. Lorsque vous utilisez Blackfire comme outil de débogage, il est préférable de conserver tous les appels. Cela est fourni par l'addon de débogage.

Depuis la ligne de commande, utilisez l'option `--debug` :

```
$ blackfire --debug curl `symfony var:export
SYMFONY_PROJECT_DEFAULT_ROUTE_URL`en/
$ blackfire --debug curl `symfony env:urls --first`en/
```

En production, vous verrez par exemple le chargement d'un fichier nommé `.env.local.php` :

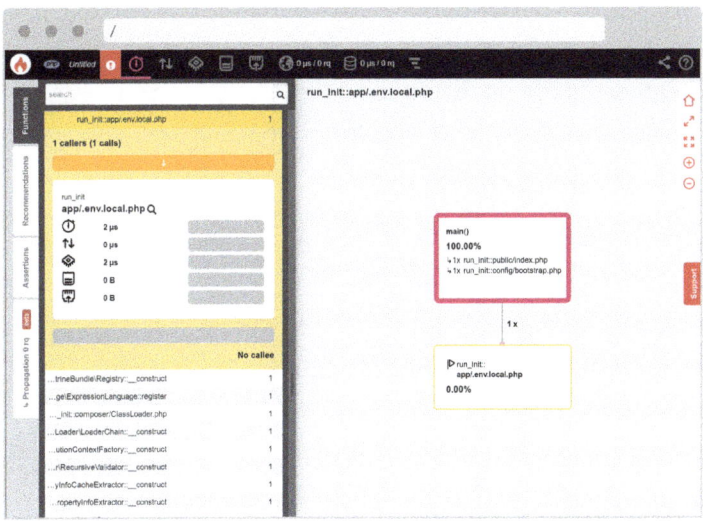

D'où vient-il ? SymfonyCloud effectue certaines optimisations lors du déploiement d'une application Symfony comme l'optimisation de l'autoloader Composer (`--optimize-autoloader --apcu-autoloader --classmap-authoritative`). Il optimise également les variables d'environnement définies dans le fichier `.env` (pour éviter d'analyser le fichier pour chaque requête) en générant le fichier `.env.local.php` :

```
$ symfony run composer dump-env prod
```

Blackfire est un outil très puissant qui aide à comprendre comment le code est exécuté par PHP. L'amélioration des performances n'est qu'une raison parmi d'autres d'utiliser un profileur.

# Étape 31
# Quelle est la prochaine étape ?

J'espère que vous avez aimé la balade. J'ai essayé de vous donner suffisamment d'informations pour vous aider à démarrer plus rapidement vos projets Symfony. Nous avons à peine effleuré la surface du monde de Symfony. Maintenant, plongez dans le reste de la documentation de Symfony pour en savoir plus sur chaque fonctionnalité que nous avons découverte ensemble.

Bon développement avec Symfony !

The more I live, the more I learn.
The more I learn, the more I realize, the less I know.
— *Michel Legrand*

# Index

# Not yet on Symfony 5? Upgrade with confidence!

 SymfonyInsight spots the deprecations in your projects and helps you fix them

Upgrade continuously

Monitor technical debt

Be notified of security issues

Get started on **insight.symfony.com**

# Performance Profiling and Testing for Symfony

**Profile,
Test,
Fix,
Repeat.**

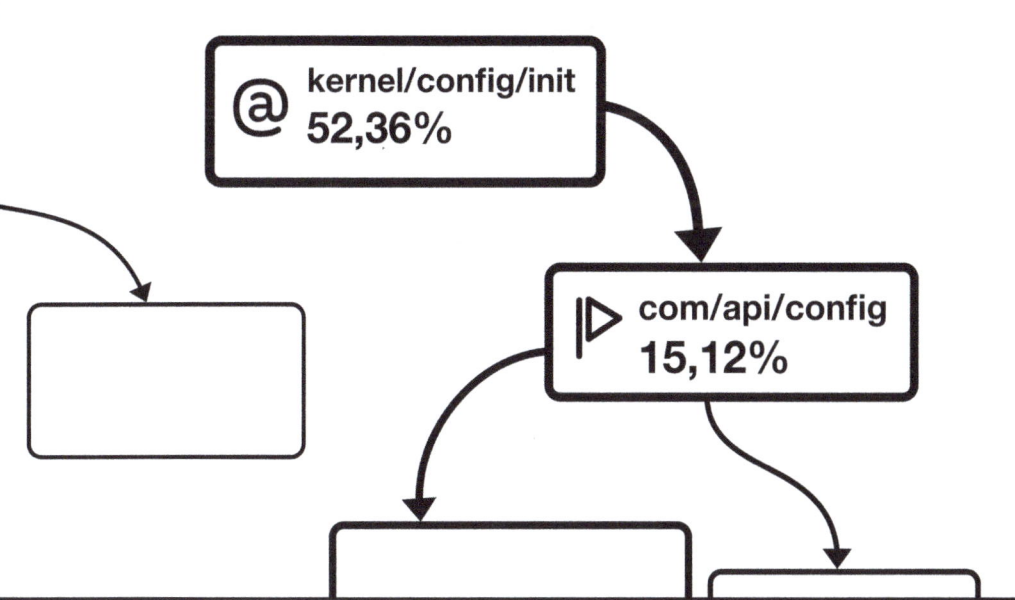